Ao revés do avesso

Leitura e formação

Luiz Percival

 **gato letrado**

AO REVÉS DO AVESSO – LEITURA E FORMAÇÃO
© edição brasileira: Editora Pulo do Gato, 2015
© Luiz Percival Leme Britto

COORDENAÇÃO PULO DO GATO Márcia Leite e Leonardo Chianca
DIREÇÃO EDITORIAL Márcia Leite
REVISÃO Claudia Maietta
PROJETO GRÁFICO Mayumi Okuyama
DIAGRAMAÇÃO Miguel Estêvão
IMPRESSÃO PifferPrint

A edição deste livro respeitou o novo
Acordo Ortográfico da Língua Portuguesa.

CIP-BRASIL. CATALOGAÇÃO NA PUBLICAÇÃO
SINDICATO NACIONAL DOS EDITORES DE LIVROS, RJ

B878a

Britto, Luiz Percival Leme
  Ao revés do avesso – Leitura e formação / Luiz Percival
Leme Britto. – 1. ed. – São Paulo : Pulo do Gato, 2015.
  144 p.: 17 cm..

  Inclui bibliografia e índice
  ISBN 978-85-64974-87-6

  1. Livros e leitura. 2. Leitura – Estudo e ensino.
3. Leitores – Reação crítica. 4. Cidadania. I. Título.

15-28075   CDD: 801.95
                                        CDU: 82.09

Índices para catálogo sistemático:
1. Livros e leitura 028
2. Literatura na formação de leitores 809

FSC MISTO Papel FSC® C044162

FNLIJ
Altamente
Recomendável

1ª edição • 2ª impressão • janeiro • 2020
Todos os direitos desta edição reservados à Editora Pulo do Gato.

pulo do gato | Rua General Jardim, 482 • conj. 22 • CEP 01223-010
São Paulo, SP, Brasil • TEL.: [55 11] 3214 0228
www.editorapulodogato.com.br • gatoletrado@editorapulodogato.com.br

Sumário

- 4 *Pelo avesso, pelo direito e por um terceiro lado* por Fabíola Farias
- 10 Prefácio | O mal-estar na leitura
- 18 A arte de ler, a arte de viver
- 32 A liberdade, a autonomia, a crítica e a criatividade na formação do leitor
- 52 As razões do direito à literatura
- 60 Leitores de quê? Leitores para quê?
- 74 Promoção da leitura e cidadania
- 84 A quinta história e as outras — Sobre leitura e construção de sentidos
- 104 O leque do *I Ching* — Sobre os limites de leitura e interpretação
- 126 Máximas impertinentes
- 142 SOBRE O AUTOR

Pelo avesso, pelo direito e por um terceiro lado

por Fabíola Farias

Num dos capítulos finais de *É isto um homem?*[1], romance memorialístico em que o escritor italiano Primo Levi conta sobre sua experiência em Auschwitz, o narrador questiona a legitimidade e a potência da língua para dizer da vida na exceção:

> *Assim como nossa fome não é apenas a sensação de quem deixou de almoçar, nossa maneira de termos frio mereceria uma denominação específica. Dizemos "fome", dizemos "cansaço", "medo" e "dor", dizemos "inverno", mas trata-se de outras coisas. Aquelas são palavras livres, criadas, usadas por homens livres que viviam, entre alegrias e tristezas, em suas casas.*

A fome, o cansaço, o medo e a dor que nós, leitores comuns, alcançamos, referem-se, à primeira vista, à sensação de quem ainda não comeu, trabalhou muito, sentiu-se inseguro diante de uma situação incomum ou foi machucado, física ou psicologicamente. Para o que

---

1 LEVI, Primo. *É isto um homem?* Trad. Luigi Del Re. Rio de Janeiro: Rocco, 1988. p. 125.

se passou nos campos de concentração, essas palavras parecem insuficientes ao escritor.

Muito se tem falado e escrito sobre leitura e formação de leitores no Brasil nas últimas décadas. Entre ações governamentais e iniciativas da sociedade civil, organizada ou não, são incontáveis os projetos para a promoção da leitura. Os discursos sobre a importância de ler, especialmente livros de literatura, assemelham-se a mantras e gritos de guerra, repetidos exaustiva e impensadamente, em repartições públicas, instituições privadas, jornais, revistas e, mais recentemente, nas redes sociais.

Como as palavras listadas por Primo Levi, incapazes de dizer algo sequer próximo da realidade de um campo de concentração, tantos programas e discursos têm se mostrado ainda insuficientes num país como o Brasil, apesar de algumas conquistas.

De braços dados com a desconfiança em pesquisas que insistem em mostrar algo tão distinto do que vejo no dia a dia, eu me pergunto por que nossa situação é tão precária. Essa inquietação me acompanha há alguns anos e se ainda não consegui encontrar uma resposta, teórica que seja, eu me alegro por ter encontrado interlocutores com quem partilhar as angústias, as frustrações, os sonhos e os pequenos caminhos que nos ajudam a resistir ao anúncio de um sombrio fim da história. O professor Luiz Percival, que me chegou pelo querido e saudoso amigo Bartolomeu Campos de Queirós, está entre essas pessoas.

Se analisados em seu conjunto, os textos que fazem este livro, escritos em diferentes momentos ao longo de quase duas décadas, podem ser considerados um resumo do pensamento do autor. Lidos individualmente, eles validam e reiteram teorias que se refizeram, em alguma medida, mas que ainda hoje confirmam seu vigor e lucidez.

São muitas as provocações e contribuições que o professor Percival, como é chamado pelos alunos e amigos, faz aos professores, bibliotecários e pesquisadores desse tema. Sem aceitar os discursos prontos e incensados sobre a leitura e sua pedagogia, problematiza, questiona e critica a visão de mundo que faz do ato de ler uma mercadoria. Mas, educador que é, escuta, discute, revê posições e, com rigor e generosidade, reconhece as contradições que, por serem inerentes aos seres humanos, estão também, e especialmente, em suas ideias.

Este livro, assim como a coleção da qual faz parte, é um presente para os educadores brasileiros. Seus textos são um convite para pensar a leitura, a literatura, o leitor, a escola e a biblioteca para além do senso comum. Eles têm no horizonte a formação de um leitor marcado por sua subjetividade, mas não descolado de suas condições objetivas, que, mais que ler, compreenda o que significa participar da cultura escrita. Dito de outra maneira, o leitor postulado por Luiz Percival é o sujeito que, com base no conhecimento e nas narrativas construídos e registrados pela letra ao longo do tempo e do espaço, conheça e compreenda a história e o seu próprio tempo, com suas disputas e conflitos e, especialmente, que se rebele contra a naturalização das desigualdades sociais.

Isso implica numa radical alteração das estruturas sociais vigentes. Um projeto para a formação de leitores nessa perspectiva exige a reordenação de toda a política educacional no país, desde seu financiamento até, e principalmente, sua sustentação conceitual e filosófica.

Rejeitando o senso comum e os discursos festivos e alienados em torno da leitura e seus solitários poderes, o autor abre espaço para o dissenso, para que na lembrança da morte e num olhar menos ingênuo para as estruturas do cotidiano, possamos voltar a ele menos frágeis e submissos.

Porque leitor, sem adjetivos, Percival desobriga a leitura de salvar o mundo, como esperam e propagandeiam, consciente ou inconscientemente, muitos. No entanto, credita a ela, especialmente à literária, a potência de encontrar palavras e narrativas para nomear, dizer e elaborar o passado, o presente e a promessa do futuro, para que nada, nem mesmo o pior dos horrores ou a maior das solidões, o que ainda não tem nome, como no relato de Primo Levi, possa escapar à história. Para o bem e para o mal, pelo avesso, pelo direito e por um terceiro lado, devir da fantasia individual e coletiva dos seres humanos.

O mal-estar na leitura

Um dia desses, conversava com uma jovem senhora sobre a vida moderna e as formas de ser na cultura. Dizia-me ela, quando observei que a literatura tratava não do simples e divertido, mas sim do difícil de viver, que eu me preocupava demais com as coisas e ficava inventando o que não existe e sofria por nada: "Viver é fácil, basta não complicar com elucubrações despropositadas". E completou: "você parece que gosta de sofrer".

Essa interpelação me põe verdadeiramente em xeque! Desconcerta-me. Quem me dizia isso é uma pessoa de vida intensa, espírito curioso, informada das coisas do mundo, leitora do que quer — aqui e ali de literatura —, enfim, uma pessoa que se sabe e sabe e pode ser nos tempos atuais.

Será possível que alguém assim não sofra? Não creio.

Em *O mal-estar na civilização*, Freud postula que o sofrimento teria três fontes básicas: o próprio corpo — condenado ao declínio e à dissolução; o mundo externo, com suas forças poderosíssimas; e a relação mesma com as demais pessoas, esta quiçá a mais dolorosa. Em seguida, enumera "métodos pelos quais os homens se esforçam em obter a felicidade e manter a distância o sofrer". Argutamente, observa que os extraordinários progressos que alcançou a humanidade nas ciências naturais e em sua aplicação técnica, não obstante terem algum valor na "economia de nossa felicidade", não elevaram o nível de "satisfação prazerosa" que as pessoas esperam da vida, não as fizeram "se sentir mais felizes".[1]

Não pretendo — nem saberia se quisesse — avançar uma análise psicanalítica da ordem cultural. Interessa-me apenas destacar, para além da ideia das causas da infelicidade, dois aspectos da proposição de Freud necessários para entender a mentira da jovem senhora. O primeiro é que o progresso social e o estabelecimento de condições de vida mais aprazíveis (para aqueles que alcançam isso num mundo de iniquidades extremas) pode oferecer conforto e bem-estar, mas não traz felicidade nem resolve o drama de existir (que supõe definhar e morrer); e o segundo é que a sociedade — e nela as pessoas — continuamente realiza tentativas de driblar a ansiedade consequente da ameaça do sofrimento (e do sofrimento objetivo).

Creio que a afirmação de uma vida limpa e de superfície, sustentada por um certo pragmatismo existencial fundado por um princípio de fazer e de prazer práticos em que predominam a adequação ao real aparente, a diversão e o entretenimento ligeiros, a convivência fácil e descomprometida, o trabalho apenas o necessário para a sustentação desse modo de vida, é uma dessas formas de tentar enganar a morte.

Trata-se, sem dúvida, de uma estratégia que, independentemente de motivação psíquica, ajusta-se

---

[1] FREUD, Sigmund. *O mal-estar na civilização*. São Paulo: Pinguin & Companhia das Letras, 2011. p. 20 e 32.

perfeitamente à ordem produtiva e ideológica contemporânea — de fato, nasce dela. A expressão "como eu sempre digo" é, em si-mesma, a repetição do "como sempre se diz"; as opiniões pessoais multiplicadas nas redes sociais e nos posts na web como originais e únicas apenas repercutem as mesmices culturais impregnadas na cotidianidade. A indústria cultural torna-se a régua absoluta de participação cultural e política.

Os apelos "civilizatórios", manifestados como garantia de uma dignidade da existência, são a contraparte envergonhada desse modo de ser — o vazio preenchido pelo consumo e pelo imediatismo (o planejamento de felicidade futura se faz em poupança, seguro e previdência). Não há moral outra se não a que emerge da funcionalidade do sistema, a qual se estabelece por uma normatividade estrita e verticalizada: a propalada diversidade de formas de ser e a afirmação da plena individuação é casca aparente de uma profunda homogeneização dos sentimentos e dos comportamentos humanos.

É nesse ambiente que se inserem — tanto como reafirmação da subjetividade inchada como da legitimação do prazer-lazer narcotizante — os discursos sobre leitura. Repetindo-se em divulgar a satisfação causada pela leitura e em reforçar que o sentido último do texto é obra do leitor, eles derivam, na maioria dos casos, da matriz reificada do hedonismo moderno. Esse movimento, aliado ao pragmatismo pedagógico de ensinar e aprender o útil e o necessário, parece dominar a promoção da leitura e, muitas vezes, o próprio fazer literário, agora liberto da angústia romântica e realista que engendrava a narrativa incomodada e incômoda. Ao leitor — infantil ou adulto — não se diz que a vida é estúpida, mas sim que pode encontrar fantasia e bem-estar no texto que se lhe apresenta.

Não faz sentido promover essa leitura. Ela tem força suficiente para prevalecer e expandir-se, como, aliás, demonstram as estatísticas de consumo da produção editorial. Mesmo a decisão solidária de atuar a favor de quem não tem como ler — porque não pode estar no lugar adequado de produção e consumo —, perde força quando se esquiva da questão maior de indagação da condição humana, já que, ao fim e ao cabo, propugna-se apenas para ampliar os consumidores e trabalhadores devidamente ajustados à ordem prática.

Assumir que ler — especialmente ler literatura e as produções intelectuais da história humana — é um valor que implica também recusar qualquer acordo com o pragmatismo, o subjetivismo e o relativismo. Implica reconhecer eticamente que a experiência estética se justifica pela possibilidade de uma vida que se humanize ao transcender o imediato, ainda que não resulte em prazer ou felicidade nem escape ao desígnio do Fado. Tal dimensão, ainda que irredutivelmente individual e única — daí o truísmo de que todo leitor é único — só se realiza na cultura e na universidade humana — donde a impossibilidade de uma leitura original de cada um. Com isso, não escapamos da armadilha da condição biológica nem instauramos um novo Éden — nem uma coisa nem outra são possíveis —, mas certamente assumimos uma dimensão existencial que não se limita ao princípio do prazer.

Nem sempre coerentemente e muitas vezes sem dar conta disso, foi com esse mote que produzi boa parte de minhas reflexões sobre leitura e educação nos últimos trinta anos. As intervenções ácidas em debate sobre promoção e ensino da leitura e a crítica costumaz aos discursos de ler por ou com prazer e de ler para ser melhor (melhor cidadão, melhor profissional, melhor pessoa) e, ainda, a recusa de prender-me aos indicadores de leitura como sinal de desenvolvimento e valor, culminaram no que repetidamente tenho chamado de mitificação da leitura: um bem em si, um valor hipostasiado, uma percepção invertida da realidade.

Os ensaios que reúno neste livro se alimentam dessa angústia de querer entender e fazer para além do óbvio, angústia de quem sofre e vive em desacordo e está bem assim e não quer vida fácil. Revisitados e reescritos, para compor este livro, mantêm a motivação e os argumentos originais e, examinados com atenção, guardam contradições imensas.

O que espero de meus eventuais leitores não é complacência nem consideração com minhas instabilidades, equívocos e limitações, mas a generosidade de lê-los com desagrado, desábito e descômodo.

outubro 2015

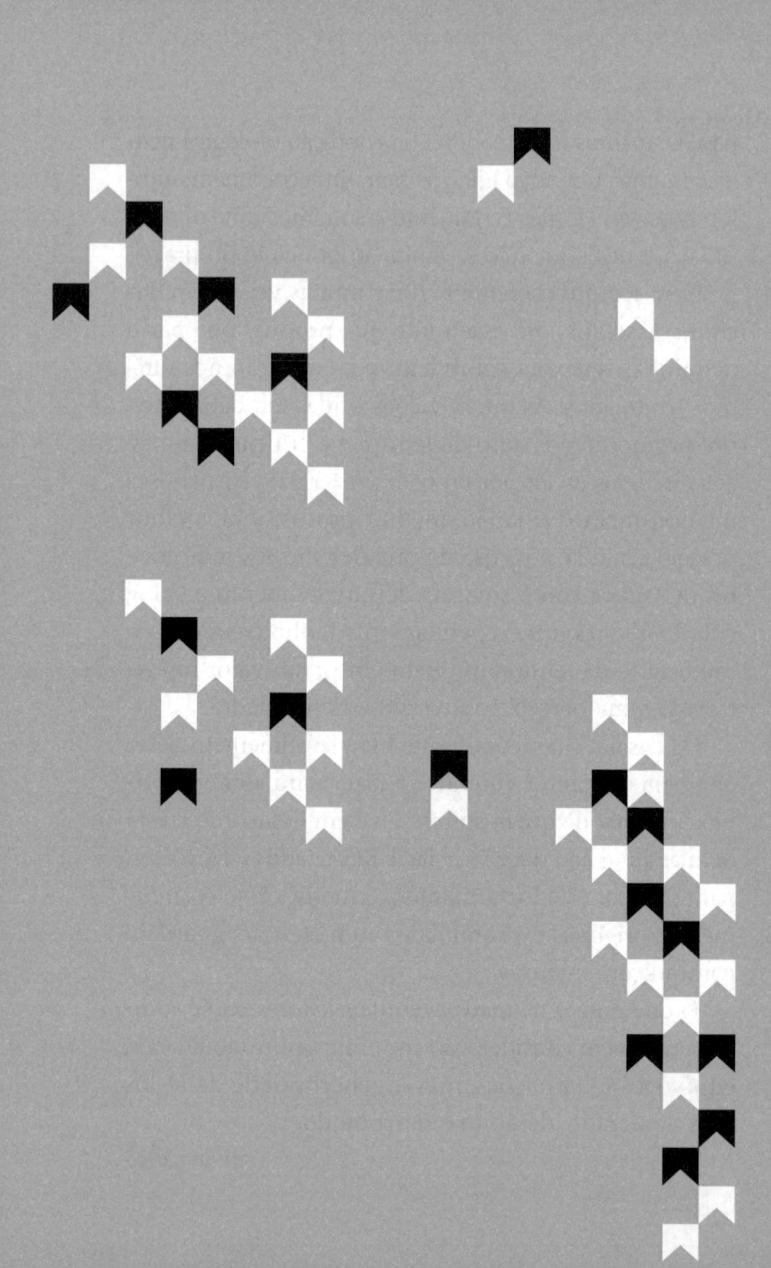

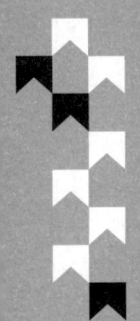

Ao revés do avesso

Leitura e formação

A arte de ler,
a arte de viver*

* Conferência realizada por ocasião do encerramento do V Seminário Lelit de Literatura Infantil e Escola e II Seminário de Educação Infantil do Oeste do Pará. Santarém, 01 de outubro de 2015. Uma versão do mesmo texto se publica em *Exitus*, v. 6, n. 1, jan./jul. 2016.

I

Tresdizia o jagunço Riobaldo em sua narrativa-confissão que viver é perigoso, por demais. Em suas diferentes formas de ver o vasto mundo do sertão, tratava de assuntar explicação do inexplicável: que é isso de viver, impreciso, inexato, atrapalhado? Que é esse "descuido prosseguido"? E põe: "Viver é muito perigoso... Querer o bem com demais força, de incerto jeito, pode já estar sendo se querendo o mal, por principiar"[1].

A vida é difícil explicar, se há o quê, também para quem da cidade. O bem acomodado pequeno burguês Antoine Roquentin, em sua angústia imprecisa, nauseante, diante da presença das coisas, do ser e do nada, escreve em seu diário que "todo ente nasce sem razão, se prolonga por fraqueza e morre por acaso"; as coisas são, simplesmente: "elas não desejavam existir, só não podiam evitá-lo".[2]

---

1 ROSA, João Guimarães. *Grande Sertão: Veredas*. Rio de Janeiro: Nova Fronteira, 2014. p. 32.

2 SARTRE, Jean-Paul. *A náusea*. Rio de Janeiro: Nova Fronteira, 2015. p. 151.

E se a vida é assim ruim de entender, tampouco é de se compreender a inexata e incerta morte de cada um.

Narra a crônica que Quincas Berro Dágua, o antes bem ajustado funcionário público e zeloso pai de família Joaquim Soares da Cunha, na hora de morrer a morte sua, deixou-se levar pela imensidão das águas, e dizendo a quem ouvisse (e ouviu Maria Quitéria, seu amor largado), sua frase derradeira: "cada qual cuide de seu enterro, o impossível não há"[3]. Confirma Jorge Amado, cronista da história de Quincas, que essa foi a morte "que ele desejou e quis; a outra, a morte bem-comportada de enterro em Campo Santo com acompanhamento de familiares e colegas de repartição, ele a abandonou em mãos da filha e do irmão, por mesquinha e indigna"[4].

Essa coisa que agarra e persegue, e da qual não há fuga ou refúgio, se instala diante do sujeito — crente ou descrente — e impera. A visita noturna do negro áugure do "nunca mais" desfaz ilusões e esperanças:

> *E o corvo aí fica; ei-lo trepado*
> *No branco mármore lavrado*
> *Da antiga Palas; ei-lo imutável, ferrenho.*
> *Parece, ao ver-lhe o duro cenho,*

---

[3] AMADO, Jorge. *A morte e a morte de Quincas Berro Dágua*. São Paulo: Companhia das Letras, 2008.

[4] AMADO, Jorge. *Carta a uma jovem leitora sobre romance e personagens*. Salvador: Casa das Palavras, 2003. p. 55

Um demônio sonhando. A luz caída
Do lampião sobre a ave aborrecida
No chão espraia a triste sombra; e, fora
Daquelas linhas funerais
Que flutuam no chão, a minha alma que chora
Não sai mais, nunca, nunca mais![5]

Caio Fernando Abreu, personagem de si mesmo, em sua agonia de enfrentar a morte anunciada pela doença que ia se acomodando insidiosa em seu corpo, confessa--ensina que "muitas vezes a gente prefere ser deixado a sós com o enigma do próprio corpo, quando ele ameaça nos devorar feroz, incompreensível"[6].

Manuel Bandeira, poeta que carregou consigo a vida toda outra "doença maldita" que lhe punha a versejar sobre a morte, fez desde jovem "versos de angústia rouca", que de seus lábios corriam (como a vida, como o sangue), "deixando um acre sabor na boca"[7]. E, melancólico, interpela a andorinha que passara o dia à toa, à toa a trinar desavisada de tudo, para entoar tristemente o simples do sentido da vida.

---

5 POE, Edgar Allan. O corvo. Trad. Machado de Assis. In: ASSIS, Machado de. *Obra Completa*, v. III. Rio de Janeiro: Nova Aguilar, 1994.

6 ABREU, Caio Fernando. *Pequenas epifanias*. Rio de Janeiro: Agir, 2006. p. 161.

7 BANDEIRA, Manuel. Desencanto. In: _____. *Estrela da vida inteira / A Cinza das Horas*. 16. ed. Rio de Janeiro: José Olympio, 1989. p. 3.

> *Andorinha, andorinha, minha cantiga é mais triste!*
> *Passei a vida à toa, à toa...*[8]

Noutro diapasão, Bartolomeu Campos de Queirós, põe um velho (ele mesmo?) em conversa miúda com um menino (ele mesmo em suas reminiscências?) a vasculhar e tentar compreender, desde as duas perspectivas — a do começo e a do fim da vida —, o sem-sentido do tempo:

> *Ele está sempre acordado, viajando e vigiando tudo. Sabemos que ele existe porque modifica todas as coisas. O tempo troca a roupa do mundo. Ele muda a história, desvia águas, come estrelas, mastiga reinos, amadurece frutos, apodrece sementes. Nada fica fora do tempo. Moramos dentro dele e impedidos de abraçá-lo. O tempo foge para não ser amado. Quem ama fica. O tempo foge.*[9]

O escritor, não se suportando em sua dor de viver, inventa: a fábula nasce para cuidar do abandono que o autor sentia em solidão, exílio voluntário — a água e o céu, o peixe e o pássaro; a mentira (fantasia) feita para

---

8 BANDEIRA, Manuel. Andorinha. In: _____. *Estrela da vida inteira / Libertinagem.* 16. ed. Rio de Janeiro: José Olympio, 1989. p. 111.

9 QUEIRÓS, Bartolomeu Campos de. *Tempo de Voo.* São Paulo: Comboio de Corda, 2009. p. 8-9.

tornar leve e gentil o espaço impossível que o oprime e torna difícil a respiração — inútil e verdadeira mentira.[10]

Que mistério há nesse viver mastigado, nesse saber-se comido pelo tempo, nessa desrazão arrazoada, nessa consciência atravessada e indesejada de que "o demônio não precisa de existir para haver — a gente sabendo que ele não existe, aí é que ele toma conta de tudo"?[11]

II

O tempo, o mundo, a vida: tudo são vazios de sentido, imensos desprovidos de razão ou explicação. São, definitiva e simplesmente, são.

> *Boi morto, boi desconhecido,*
> *Boi espantosamente, boi*
> *Morto, sem forma ou sentido*
> *Ou significado. O que foi*
> *Ninguém sabe. Agora é boi morto,*
> *Boi morto, boi morto, boi morto.*[12]

---

10 QUEIRÓS, Bartolomeu Campos de. *O peixe e o pássaro*. Belo Horizonte: Formato, 1971.

11 ROSA, João Guimarães. *Grande Sertão: Veredas*. Rio de Janeiro: Nova Fronteira, 2014. p. 76.

12 BANDEIRA, Manuel. Boi morto. In: _____. *Estrela da vida inteira / Opus 10*. 16. ed. Rio de Janeiro: José Olympio, 1989. p. 190.

O acontecer que não dói, a lida diária esquecida de si, a vida cativante — corpo vaso de prazeres —, a gente ansia por ela desesperadamente. Mas não tem, não há como. O problema não é simplesmente viver, o problema é saber-se vivo e saber o tempo todo que algo nos rouba a vida e o corpo em que ela se faz. O problema é saber a morte, imperscrutável, e não saber para que ou por que a vida tem de ser como é.

Assim terminam as angustiadas "Especulações em torno da palavra homem", de Carlos Drummond de Andrade:

Para que serve o homem?
para estrumar flores,
para tecer contos?

Para servir o homem?
Para criar Deus?
Sabe Deus do homem?

E sabe o demônio?
Como quer o homem
ser destino, fonte?

Que milagre é o homem?
Que sonho, que sombra?
Mas existe o homem?[13]

---

13 ANDRADE, Carlos Drummond de. Especulações em torno da palavra homem. In: _____. *Poesia completa / A vida passada a limpo*. Rio de Janeiro: Nova Aguilar, 2002. p. 428.

Esse sentimento arrevessado de incompreensão, essa percepção aguda de falta, essa experiência do evanescente inevitável, de sequestro atroz do que nos há de mais caro... Essa ânsia dolorosa e insuportável da miudeza simplesmente ser criou a fé, a filosofia e a arte.

A fé, de certa forma, dissolve a angústia, porque oferece fundamento à vida e traz consolo à morte com a eternidade anunciada: seremos para sempre, a vida é um instante de uma existência resplandecente.

A filosofia, de certa forma, resolve o problema, porque propõe lógica e racionalidade à existência: as coisas se organizam no método e, se não remédio, há explicação.

A arte, de certa forma, alivia o espírito, porque sublima a falta em emoção e conduz ao júbilo. Perco-me em transcendência, torno-me múltiplo, ocupo-me com o inusitado e eternizo-me na fantasia de ser também em outros mundos.

A essas três parcas, lúgubres seres a tecer e cortar o fio da vida, no desespero de contornar a precariedade da existência, a gente se apega e rejeita, agarra e agride... A gente as torce, retorce, contorce... A gente as faz de muitas maneiras, porque, fosse sempre uma e a mesma, elas se esvairiam sem força na mesmice das coisas.

Elas, três irmãs nascidas que são do mesmo desejo, se põem em infindáveis movimentos de conciliação e confrontação.

A conciliação se dá quando o desejo de deus (a fé) instiga o espírito inquieto a criar estéticas — imagens, vozes, movimentos e formas — que, por meio do belo, manifestem o espanto de existir e a grandiosidade do criador; e se dá também quando a necessidade de explicar e pôr em ordem a fé e a arte gera o discurso organizado e consistente sobre as coisas e seus sentidos — a razão; e se dá ainda quando a limitação da razão e da transcendência estética conduzem outra vez o espírito para o desejo do divino.

Os inevitáveis atritos: a harmonia termina quando a ordem divina, intumescida, se faz totalidade demasiada e se encrespa com a licenciosidade estética ou com a força da razão, confrontando-as e desejando sufocá-las: a palavra é total e emudece o espírito, recalca as dores em lugares tão recônditos que elas parecem já não ser; a moral que emana da fé já não condiz nem com o desejo da arte nem com a sinceridade da filosofia. E arte e fé, porque admitem ser sem que se explique como são ou por que são como são, se indispõem com a coerência estrita da indagação metafísica, sempre insatisfeita com o dizer que não indaga como ele se fez; e fé e filosofia se afastam da arte quando recusam aceitar o ilimitado, a propensão à criação e a invenção de vidas inexistentes e inexistíveis.

De todo modo, não importa o quanto se reinventam e metamorfoseiam-se ininterruptamente — só assim seguem possíveis —, essas maneiras de enfrentar a miséria humana. Elas servem sempre apenas de *certa forma*: mesmo consolada com a eternidade anunciada, a gente não quer deixar de ser o que é aqui, agora; mesmo conformada com

as explanações racionais, a gente não admite a morte sua e
a de seu semelhante; e o encantamento que a arte produz
na gente esvai-se em aflição, e já não consola.

Viver é perigoso.

III

Há ainda outra maneira — mais estúpida, mais mesquinha — de ludibriar o tempo e seus mistérios, sem espiritualizá-lo, sem indagá-lo, sem encantá-lo, quiçá, sem sofrê-lo: um admirável mundo novo, em que não se envelhece nem se morre e tudo está em ordem e harmonia — aí não se sabe da morte, nem na vida comezinha, nem em sua brusca interrupção programada[14].

Nessa forma "volátil e efêmera" de vida que se basta e se parametriza em exatidões produtivas e consumos ordeiros, a experiência desconhece qualquer razão de continuidade e se esgota no presente fugaz. Na "ausência da profundidade do passado" e de "profundidade do futuro como possibilidade de determinar o indeterminado e ultrapassar situações históricas, compreendendo-as e transformando seu sentido", desaparece o "sentido da cultura como ação histórica"[15].

14 HUXLEY, Aldous. *Admirável mundo novo*. Rio de Janeiro: Globo, 2001.
15 CHAUÍ, Marilena. Cultura e democracia. In: *Crítica y Emancipación*. Revista latinoamericana de Ciencias Sociales. Buenos Aires, ano 1, n. 1, jun. 2008. p. 62.

Trata-se da ordem do pragmático, ordem em que as coisas imperam e fazem da pessoa uma coisa entre tantas mais. E, para isso, há que narcotizar a alma da gente, que assim vai passando pelo tempo como se ele não fosse, vai sendo sem dar-se conta de que existe; e vai se fazendo útil, subsumida à dimensão prática e (re)produtiva da materialidade crua. Reificação, alienação.

Não obstante a pobreza e a mesquinhez dessa maneira de fazer representar a vida, ela não só permanece como prevalece sobre as demais, incorporando-as e encarcerando-as à sua lógica. A fé já não mais será fruto da tensão do inexplicável, mas apenas a abolição da dúvida e a repercussão da irracionalidade cega, propagando uma moralidade que, ao invés de valorizar a vida, a reduz à banalidade de regras e preceitos; a filosofia já não mais estará para a indagação da existência, mas apenas para a justificativa da normatividade produtiva e a adequação aos modos recomendáveis de ser; a arte já não mais remeterá ao inusitado da dor e do prazer, ao absurdo do tempo, mas apenas apascentará os espíritos com a obviedade do entretenimento ligeiro e o decorativo ajustável aos corpos e vitrines.

Essa ordem não é casualidade nem opção de alguns. Tampouco é opção afirmar estar fora dela. Ela se impõe, inexorável e irresoluta, e se realiza como desigualdade disfarçada, submetendo o trabalho e o desejo humano ao de produção da mercadoria e à acumulação de riqueza.

A ordem econômica e, seguindo seu modelo, em grande parte também a organização econômica, continuam obrigando a maioria das pessoas a depender de situações dadas em relação às quais são impotentes, bem como a se manter numa situação de não-emancipação. Se as pessoas querem viver, nada lhes resta senão se adaptar à situação existente, se conformar; precisam abrir mão daquela subjetividade autônoma a que remete a ideia de democracia; conseguem sobreviver apenas na medida em que abdicam seu próprio eu. Desvendar as teias do deslumbramento implicaria um doloroso esforço de conhecimento que é travado pela própria situação da vida, com destaque para a indústria cultural intumescida como totalidade. A necessidade de uma tal adaptação, da identificação com o existente, com o dado, com o poder enquanto tal, gera o potencial totalitário.[16]

Especialmente com relação à arte, mas estendendo a todas as dimensões da cultura, a ordem pragmática conforma-se precisamente ao que Adorno definiu como indústria cultural: "Cultura totalmente convertida em mercadoria, no plano da totalização da estrutura da mercadoria na formação social, inclusive no plano das próprias necessidades sensíveis a que correspondem os valores de uso dos bens na sociedade de consumo".[17]

---

16 ADORNO, Theodor W. O que significa elaborar o passado. In: _____. *Educação e Emancipação*. São Paulo: Paz e Terra, 2010. p. 43.

17 MAAR, Wolfgang Leo. Prefácio. In: ADORNO, Theodor W. *Educação e Emancipação*. São Paulo: Paz e Terra, 2010. p. 23.

Nesse lugar de des-ordem, nessa totalidade vazia, não há lugar para deus, não há razão para o pensamento, não há motivo de fabulação. As coisas resumem-se a ser coisas: "que tristes são as coisas, consideradas sem ênfase"[18]. Não há, enfim, terceira margem nem menina de lá, não há Diadorim nem Miguilim. Não há dor ou espanto.

IV

Mas isso é e não é.

Não pode ser, mesmo sendo em plena aparência e em poder constituído.

A dor recalcada no cárcere mais recôndito da alma insubordina-se e agride o silêncio. A memória da morte teima em mostrar-se. O incômodo. E a criança morta na mesma praia em que um dia remoto aportou Ulisses, para além da denúncia da segregação, compunge, aturde, convoca as musas, abre as portas do Hades e reinstaura a pergunta: "que coisa é homem?"

Sabe o poeta, sabemos todos, que não há resposta bastante ou lenitivo capaz. Nem deus, nem a razão, nem a arte nos acodem o suficiente. Mas a fé libertadora, a filosofia curiosa e a arte fabulosa são a vida possível e

---

[18] ANDRADE, Carlos Drummond de. A flor e a náusea. In: _____.
Poesia Completa / A Rosa do Povo. Rio de Janeiro: Nova Aguilar, 2002. p. 118.

necessária e a única forma de resistir à barbárie e à ilusão de sucesso e alegria que apregoam as rezas fáceis, as razões instrumentais e as artes do esquecimento.

A liberdade, a autonomia, a crítica e a criatividade na formação do leitor*

* Versão mais sucinta deste texto foi publicada na revista *Pátio — Ensino Médio*. Curitiba, ano IV, dez. 2012 / fev. 2013, n. 15, p.14-17.

Se há algo que me incomoda sobremaneira e contra o que venho escrevendo sistematicamente é essa ideia de leitura percebida como um bem em si, a um só tempo sustentada por e promotora de valores éticos e intelectuais fundamentais, como a liberdade, a autonomia, a crítica e a criatividade.[1]

Parece-me que, na argumentação convencional que se quer pedagógica, esses valores adquiriram caráter absoluto, sendo, por isso, inquestionáveis; desse modo, haveria sobre eles o entendimento tácito, aparentemente óbvio, de que seus sentidos e implicações são imediatamente positivos e reconhecidos por todos.

Mas nada é assim simples, e esse tipo de verdade descolada da materialidade histórica contribui, antes prejudica, com o estabelecimento de uma pedagogia da leitura que alcance promover a formação desse tão desejado leitor.

---

1 Ver, por exemplo, "Máximas impertinentes", texto originalmente publicado em 2001 e reapresentado, em versão corrigida e ampliada, neste livro.

Proponho-me neste texto avançar a análise de quatro desses atributos que frequentemente acompanham, de maneira mais ou menos clara, os modelos e as representações de "leitor ideal" e que subjazem aos programas de formação e promoção de leitura (*liberdade, autonomia, crítica, criatividade*).

Com isso, procuro estabelecer referenciais para uma pedagogia da formação do leitor.

Antes, porém, de dar início a essa análise, há que traçar um ponto de referência para pensar a formação de leitor no ambiente escolar.

A escola, especialmente e às vezes contraditoriamente na sociedade contemporânea, é lugar próprio de aprender, e de aprender coisas que não se aprendem no trato da vida cotidiana. Coisas como ler e escrever, fazer contas, fazer ciência, saber história, arte, geografia, filosofia...

Está bem que se pode aprender a ler e a escrever fora da escola, principalmente quando se consideram conhecimentos que estão além do domínio do código escrito e implicam variadas formas de inserção na cultura formal. É na escola que esses conhecimentos e outros próprios da produção intelectual organizada encontram espaço para expandir-se e sistematizar-se, principalmente quando se enfrentam temas e conteúdos que transcendem o senso comum e que não se prendem ao praticismo e ao pragmatismo.

Acácia Kuenzer observa com muita propriedade que

os processos educativos escolares [...] se configuram como espaços de articulação com o conhecimento socialmente produzido, enquanto produtos, e como espaços de apreensão das categorias de produção deste conhecimento, enquanto processos metodológicos. São, por excelência, espaços da produção teórica, do trabalho intelectual, sempre que possível articulado à práxis, mas sempre incapaz de reproduzi-la em seu movimento e em sua complexidade[2].

Não se pense, pelo que postulo nos parágrafos anteriores, que advogo o divórcio da educação escolar e das aprendizagens que se fazem no âmbito da chamada educação livre ou informal. Aprendemos na escola coisas importantes para serem vividas e pensadas fora dela; o que aprendemos na escola usamos para participar da sociedade, para compreender e indagar as formas de realização e de compreensão da vida, as formas como se produz, se transforma, se distribui. E isso significa sobretudo um processo de intensa interação entre as aprendizagens escolares e as que se adquirem pela ação direta no "mundo lá fora".

O que sustento é que a escola tem de ser percebida e realizada como um espaço privilegiado de reflexão e organização de conhecimentos e aprendizagens, de

2 KUENZER, Acácia Zeneida. Conhecimento e competências no trabalho e na escola. *Boletim Técnico do Senac*. Rio de Janeiro, v. 28, n. 2, maio 2002, p. 45-68 e ago. 2002, p. 16.

aprofundamentos e sistematizações do conhecimento; e tem de ser o lugar do pensamento desimpedido, descontextualizado, livre das determinações e demandas imediatas da vida comezinha; o lugar, enfim, em que a pessoa, reconhecendo-se no mundo e olhando para o que a cerca, imagine o que está para além do aqui e do agora.

Essa assunção tem consequências teóricas e práticas, pois que implica definitivamente um processo distinto de trabalho intelectual, um processo mais disciplinado de pensar, analisar e avaliar.

E mais: esse processo só tende a crescer à medida que se avançam nos níveis de escolaridade, de maneira que, se o fator do cotidiano tem um certo peso nos modos de organização das práticas e na definição dos conteúdos nos anos iniciais da formação escolar, sua relevância torna-se maior à medida que se progride no processo formativo.

O ensino médio, por exemplo, tem de ser encarado como o momento em que se valorizam os conhecimentos mais abstratos, conhecimentos cuja compreensão exige raciocínios mais elaborados e sofisticados, que não se percebem nem se realizam imediatamente nos fazeres e afazeres cotidianos.

> *Aprender a ler, escrever e contar, e dominar os rudimentos das ciências naturais e das ciências sociais constituem pré-requisitos para compreender o mundo em que se vive, inclusive para*

entender a própria incorporação pelo trabalho dos conhecimentos científicos no âmbito da vida e da sociedade.

Se no ensino fundamental a relação é implícita e indireta, no ensino médio a relação entre educação e trabalho, entre o conhecimento e a atividade prática deverá ser tratada de maneira explícita e direta. O saber tem uma autonomia relativa em relação ao processo de trabalho do qual se origina. O papel fundamental da escola de nível médio será, então, o de recuperar essa relação entre o conhecimento e a prática do trabalho. Assim, no ensino médio já não basta dominar os elementos básicos e gerais do conhecimento que resultam e ao mesmo tempo contribuem para o processo de trabalho na sociedade. Trata-se, agora, de explicitar como o conhecimento (objeto específico do processo de ensino), isto é, como a ciência, potência espiritual, se converte em potência material no processo de produção. Tal explicitação deve envolver o domínio não apenas teórico, mas também prático sobre o modo como o saber se articula com o processo produtivo.[3]

Pois bem, a leitura é um dos conteúdos escolares em que a articulação entre o sistemático e o assistemático mais se manifesta e merece atenção especial. Isso porque favorece a metacognição — a atividade intelectual autocontrolada, realizada com planejamento e avaliação contínua.

---

3 SAVIANI, Dermeval. Trabalho e educação: fundamentos ontológicos e históricos. *Revista Brasileira de Educação*, v. 12 n. 34 jan./abr. 2007. p. 160.

Assim, além das leituras que, em função das formas de participação das pessoas nas diversas esferas de sociabilidade imediata, se fazem e se aprendem na vida prática, há formas de ler mais densas, articuladas com o que chamamos de "pensamento especulativo", isto é, aquele que trata de, na explicação feliz de Antônio Houaiss, "indagar sobre as coisas, o mundo, a vida", buscando

> *capturar representativamente um objeto qualquer, utilizando recursos investigativos dessemelhantes — intuição, contemplação, classificação, mensuração, analogia, experimentação, observação empírica, etc. — que, variáveis historicamente, dependem dos paradigmas filosóficos e científicos que em cada caso lhes deram origem.*[4]

Retomo aqui uma ideia sobre a qual venho dissertando com frequência: ao se reproduzirem pragmaticamente as determinações institucionais e insistir que estudar e aprender limitam-se à incorporação de informações e comportamentos supostamente úteis à vida prática, nada mais se faz que fixar a educação a um senso comum em que todo tipo de crença está legitimado. A verdade, a história, o mundo se manifestam como algo fixo, acabado, absoluto e, por isso mesmo, anti-histórico.

---

4 HOUAISS, A. *Dicionário Houaiss da Língua Portuguesa*. Rio de Janeiro: Objetiva, 2001. (Verbete *conhecimento*)

Ao contrário disso, como sustenta Saviani, a educação escolar verdadeiramente popular, emancipadora, formativa, terá como eixo conteúdos e métodos

> *que estimularão a atividade e a iniciativa dos alunos sem abrir mão, porém, da iniciativa do professor; favorecerão o diálogo dos alunos entre si e com o professor, mas sem deixar de valorizar o diálogo com a cultura historicamente acumulada; levarão em conta os interesses dos alunos, os ritmos de aprendizagem, mas sem perder de vista a sistematização dos conhecimentos, sua ordenação e gradação para efeitos do processo de transmissão-assimilação dos conteúdos cognitivos.*[5]

A negativa aos modelos liberais centrados em concepções relativistas do conhecimento não implica a adoção de parâmetros tradicionais de ensino, os quais devem igualmente ser alvo de crítica e reconsideração, em especial no que tange à superação científica e aos valores ideológicos que comportam. Mas assumir tais limitações e equívocos dos modelos tradicionais não significa a adoção de uma perspectiva que, negando o conhecimento, valorize o ajustamento do aluno ao atual sistema produtivo, em que imperam a exploração, o egoísmo e a competição. Uma educação que corresponda às necessidades

---

5 SAVIANI, Dermeval. *Escola e Democracia*. Campinas: Autores Associados, 1997. p. 72-3.

e interesses dos trabalhadores deve referenciar-se em sua realidade objetiva, especialmente naquilo que importa para a superação da condição em que vivem.

Creio que, quando falamos em leitura na escola e de ensinar e aprender a ler, estamos pensando principalmente nesse tipo de leitura. Daí a insistência no investimento subjetivo do leitor e da valorização de suas escolhas e decisões de caminhos interpretativos. Daí a escolha por textos de literatura, de história, de ciência. Daí a afirmação da ideia tão repercutida de que caberia à escola a formação de um leitor livre, autônomo, crítico, criativo...

Porém, há que indagar o que querem dizer, exatamente, as expressões *liberdade, autonomia, crítica, criatividade*.

Penso que explorar um pouco esses valores — pois é disso mesmo que se trata: valores — pode contribuir significativamente para o trabalho de formação e para a realização de ações estruturantes no campo da formação do leitor. Vamos a isso.

Começo com a ideia de *liberdade*, um conceito valorosíssimo nos tempos atuais e sobre o qual parece haver muitas e distintas compreensões. Desde logo, é preciso rejeitar a ideia de liberdade como o correspondente de ausência de limite ou de realização do desejo; a liberdade, entendida como a possibilidade da pessoa de exprimir-se ou de agir conforme sua vontade, consciência e natureza, tem seus limites determinados pelas dimensões biológicas, materiais e históricas. Não posso, independentemente de minha vontade, voar ou permanecer indefinidamente debaixo d'água, e isso simplesmente porque meu corpo não permite (apenas usando de artefatos produzidos pela humanidade poderia ampliar um pouco esses limites). Tampouco é razoável pensar que eu poderia, se assim quisesse, agredir ou matar uma pessoa; há leis que me impedem, e a determinação social de que não tenho esse direito não significa restrição à minha liberdade, mas sim a definição do espaço objetivo em que me realizo enquanto sujeito social.

O sentido e o valor de liberdade se produzem na história da sociedade e dos indivíduos. Não sendo, portanto, um *a priori*, um valor ou fato absoluto; são, isto sim, a projeção de uma existência que se conhece e se reconhece em si e nos outros. Todo e qualquer gesto humano ganha sentido na própria constituição da humanidade e somente os seres humanos somos, por isso, potencialmente livres. É apenas pela projeção identitária ou pela força de argumento que dizemos que os pássaros são livres; eles não podem ser livres simplesmente porque não têm a possibilidade de se pensarem livres; de fato, os pássaros não são livres nem prisioneiros, são coisas, às quais o conceito de liberdade simplesmente não se aplica.

Por esse raciocínio, a liberdade não é um absoluto, mas uma condição que se conquista com a determinação dos direitos e com a consciência que a pessoa tem deles, de si, da sociedade e da vida. É algo que se conquista, algo que se aprende na relação com o outro, sempre na condição concreta da vida-vivida. Toda escolha será sempre constrangida pelo que somos e pelos condicionantes sociais que nos fazem.

Disso resulta, por exemplo, que uma leitura resultante de uma escolha que alguém faça sem interferência de outrem é necessariamente mais livre que a leitura resultante de uma ação pedagógica dirigida. A leitura resultante da "livre escolha" pode estar condicionada, constrangida por muitos fatores limitantes sem que aquele que a faça tenha consciência disso. Os gostos, as predileções são a expressão de experiências diversas e da incorporação, muitas vezes inconsciente, de valores e padrões alheios.

O filósofo e escritor Jean-Paul Sartre, ao refletir sobre a liberdade de ler, em *Que é a literatura*, sustentava que "a liberdade à qual o escritor nos incita não é a pura consciência abstrata de ser livre. A liberdade não é, propriamente falando; ela se conquista numa situação histórica; cada livro propõe uma libertação concreta a partir de uma alienação particular"[6]. Essa ideia de conquista da liberdade parece essencial para tratarmos do tema da escolha na leitura e da importância da ação educativa para que ela se torne possível.

Igual raciocínio se aplica ao conceito de *autonomia*. Assim como liberdade, autonomia não é algo que se tem por decreto. Aceitando o princípio de autonomia como a capacidade da pessoa de se autogovernar e de se autodeterminar, segundo uma moral por ela mesma

---

6 SARTRE, Jean-Paul. *Que é a literatura?* São Paulo: Ática, 2003.

estabelecida, livre de qualquer fator estranho ou exógeno, temos de reconhecer que a autonomia só se realiza efetivamente na medida em que o sujeito se apropria das formas de ser e de fazer no mundo e, reconhecendo-se como sujeito de direito, reivindica para si o poder de tomar as decisões relativas à sua vida.

Muitas vezes, pode ocorrer que fatores estranhos ou exógenos desconhecidos da pessoa ou de um grupo de pessoas sejam fundamentais em suas decisões, as quais, nesse sentido, não são propriamente autônomas. A autonomia implica conhecimento, discernimento e análise da situação, e isso se aprende. O leitor autônomo não é simplesmente aquele que lê conforme seus desejos, opções, interesses (porque os desejos, opções e interesses podem resultar da ação de fatores exógenos), mas aquele que dispõe de possibilidades de conhecer e controlar esses fatores.

Isso obriga a dizer que a autonomia é necessariamente limitada, de modo que o que se pode falar é em maior ou menor autonomia conforme a capacidade de compreensão e o conhecimento da pessoa. Uma pedagogia da leitura consequente com esse princípio não partirá do suposto de que o leitor é desde logo autônomo; ao contrário, entendendo sua limitação, investirá decididamente para que amplie, por meio da experiência, cada vez mais sua autonomia.

No que concerne à *crítica*, o raciocínio que venho apresentando tem as mesmas implicações. Para exercer a crítica, isto é, para fazer a análise objetiva de um problema, escapando a esquemas predeterminados, dogmas, preconceitos, etc., a pessoa necessita de um quadro teórico-conceitual e um conjunto de princípios bem estabelecidos. Caso contrário, a crítica se confunde com predileções e interesses, não contribuindo nem para o desenvolvimento do sujeito nem para a expansão do conhecimento.

Conforme argumento em outro texto, ali falando sobre o papel do gosto na formação do leitor[7], o que mais comumente ocorre é o leitor esperar que o texto corresponda às suas formas de compreender e viver o mundo, formas essas que são históricas e não valores originais de uma ou de outra pessoa.

É apenas na medida em que toma consciência desta condição e trabalha para sua superação que o leitor passa a criar intelectual e socialmente. E isso implica assumir que não se pode realizar a crítica desimpedida sem a consciência de seu próprio limite, pressupondo que ela seria algo que brota espontaneamente ou que é simples fruto da experiência imediata.

Propor a leitura crítica é, nesse sentido, um convite à indagação e à autoanálise contínua. Na medida em que amplia seus referenciais de mundo, seu repertório

---

7 BRITTO, Luiz Percival Leme. Leitura e formação na educação escolar — algumas considerações inevitáveis. In: SOUZA, Renata Junqueira. (Org.). *Biblioteca escolar e práticas educativas — o mediador em formação*. Campinas: Mercado de Letras, 2009. p. 187-204.

cultural, seus esquemas de interpretação, o leitor passa a ter maior possibilidade de ler criticamente; em termos freireanos, diríamos que ele se reconhece como interlocutor no processo dialógico implicado pela leitura, toma a palavra do outro e apresenta sua contrapalavra, criando sentidos inusitados.[8]

A advertência que fiz acima sobre o tratamento pedagógico da autonomia também se aplica aqui.

É evidente que a crítica pura e totalmente objetiva é uma miragem: o lugar que ocupamos na história e na sociedade sempre implicará a subjetividade inerente ao ponto de vista; e também é evidente que não há um momento apropriado e perfeito para que alguém se possa dizer "estou pronto para a crítica": nos fazemos críticos à medida que, na interação com pessoas e outras ideias, aprendemos e realizamos a crítica.

Pensemos agora na ideia de *criatividade*, outro valor caro na concepção moderna de subjetividade.

Entendida como a produção do novo, por meio do estabelecimento (ou ruptura) de relações, implicações, derivações entre objetos ou ideias, criar remete para um campo semântico em que se destaca a inventividade, a inovação, o inusitado. A pessoa criativa seria aquela capaz de produzir, fazer coisas que ninguém fez ou faz, dizer coisas que ninguém diz ou pensa, de produzir

---

8 FREIRE, Paulo. *A importância do ato de ler — em três artigos que se completam*. São Paulo: Cortez, 1984.

imagens, objetos artefatos desconhecidos, encontrar soluções impensadas para problemas, etc. Enfim, criativa seria a pessoa de carácter inovador; original, "que se distingue pela aptidão intelectual para criar".

De onde, então, surge a criatividade, de onde vem, o que a faz? É essa pergunta que parece esquecida quando mais frequentemente se fala em criatividade. É como se esse movimento surgisse do nada, é como se a semente criativa estivesse desde sempre no sujeito e, num certo momento qualquer, brotasse da alma.

Por isso, com frequência, encontramos representações de criatividade em que para exercê-la não se há que fazer nada, simplesmente esperar que a talzinha se manifeste: assim brotam poemas da boca do poeta, imagens surgem de movimentos inexplicáveis das mãos, descobertas científicas aparecem como fruto do acaso e da genialidade do cientista... Tudo não passa de um lance de sorte.

Não há dúvida de que há produções criativas que resultam de processos ignorados por quem as faz, assim como há manifestações repentinas de descobertas extraordinárias (Eureka!; insight). Isso não significa, contudo, que a criatividade resulte da ignorância ou da sorte. Ao contrário, para produzir a novidade, por meio do estabelecimento (ou da ruptura) de relações, de implicações e derivações entre objetos ou ideias, há que se ter o conhecimento dos objetos e das regras de seu funcionamento; disciplina, para estudar, indagar e produzir a novidade; a capacidade de análise, comparação e avaliação; e a responsabilidade e compromisso com o produto criado.

A criatividade, portanto, relaciona-se diretamente com a atitude que assumo diante das coisas. E isso é de tal forma significante que, para ser criativo, tenho de conhecer aquilo com que estou tratando. Porque não controlamos todo o processo criativo, não podemos dizer que ele é exterior a nós ou que resulta espontâneo de conformações biológicas ou psicológicas. Criamos porque conhecemos e quanto mais conhecemos mais poderemos criar. E se só podemos criar com o que sabemos, o objeto resultante de nossa criação estará sempre nos marcos das coisas que conhecemos.

Aplicando esse raciocínio à leitura, podemos dizer que será mais criativo o leitor que mais conhecer e que jovens leitores têm sua criatividade conformada àquilo que já experimentaram e conheceram na vida. É certo que um leitor muito instruído pode afogar-se no conhecimento e, preso a comportamentos intelectuais e sociais rigidamente determinados, não ser capaz de criar.

É certo também que um leitor com pouca leitura e muita experiência de mundo pode superar as dificuldades que o texto lhe apresenta e articulando suas vivências indagar o texto de forma criativa. Mas não se pode disso concluir que a criatividade nasce espontaneamente e que ser criativo é simplesmente buscar um modo diferente de ver. Compreender a ideia do outro, perceber o processo por que determinada coisa acontece, identificar as leis e regras de funcionamento de algo, tudo isso é tão criativo quanto produzir uma novidade absoluta.

Observei anteriormente que um dos elementos importantes para a criatividade é a *experiência*. E poderia ter observado também que ela é importante na constituição da autonomia, da liberdade e da crítica. Isso porque qualquer indivíduo é o que é em função de sua vida-vivida, das coisas que fez e sofreu (as coisas por que passou).

Numa primeira aproximação, a experiência é a condição do fazer humano. Tudo o que somos e sabemos, as formas como agimos e compreendemos as coisas, nossos desejos e sorrisos, tudo isso resulta da experiência. Nesse sentido, a experiência é a vida que se organiza simbólica e psicologicamente em cada pessoa, sempre em relação aos outros, ao tempo histórico, ao lugar onde estamos. Mas é evidente que há momentos de experiência que têm um peso constitutivo maior em nossa personalidade e nosso saber; são situações em que o que nos passa nos toca e que pode ser mais ou menos elaborados e trazidos a dimensões da consciência. É razoável dizer que esses momentos são cruciais para o desenvolvimento da crítica, para a afirmação da liberdade e da autonomia e para instigar a criatividade. No dizer de Jorge Larrosa, "A experiência, a possibilidade de que algo nos aconteça ou nos toque, requer um gesto de interrupção"[9].

9 LARROSA Bondía, Jorge. Notas sobre a experiência e o saber de experiência. *Revista Brasileira de Educação*, jan./fev./mar./abr., 2002, n. 19.

Uma forma concreta de formar o leitor crítico, de maneira que tenha sentido a afirmação de que o "sentido da leitura" resulta da experiência do leitor, é investir em situações em que aflorem as necessidades de criar, buscar, criticar. E esse movimento, continua o filósofo,

> requer parar para pensar, parar para olhar, parar para escutar, pensar mais devagar, olhar mais devagar, e escutar mais devagar; parar para sentir, sentir mais devagar, demorar-se nos detalhes, suspender a opinião, suspender o juízo, suspender a vontade, suspender o automatismo da ação, cultivar a atenção e a delicadeza, abrir os olhos e os ouvidos, falar sobre o que nos acontece, aprender a lentidão, escutar aos outros, cultivar a arte do encontro, calar muito, ter paciência e dar-se tempo e espaço.[10]

Larrosa observa que esse gesto constituinte da experiência, gesto que supõe a consciência de si, "é quase impossível nos tempos que correm", devido, acrescento eu, às formas de organização da vida cotidiana e dos esquemas de alienação. O desafio da educação escolar está exatamente em ampliar as possibilidades de experiência, desafiando os alunos a "parar para pensar", "a suspender o automatismo da ação", reconhecer-se e assumir-se como sujeito da ação. Esse movimento de afastamento do imediato e de recusa do deixar-se ir tampouco é algo que se manifesta espontaneamente.

10 Idem, ibidem.

O desafio maior na formação do leitor está exatamente em produzir um ambiente e um movimento em que, confrontando-se com objetos estranhos ou estranhando os objetos conhecidos, possamos progressivamente ampliar a crítica, a liberdade e a criatividade em nossas ações e escolhas.

A cada momento, há uma dimensão possível de liberdade, crítica e criatividade que, na interlocução ativa, em que cada uma se apresenta como é e propõe o que ser, se expandem e permitem novos movimentos. Fazer escolhas, agora, é muito mais difícil e muito mais necessário. Theodor Adorno, com notável amargura e desencanto, termina seu ensaio sobre a semiformação sustentando que "a única possibilidade de sobrevivência que resta à cultura é a autorreflexão crítica sobre a semiformação, em que necessariamente se converteu"[11].

Uma educação que assuma o desejo de formar não pode prender-se nem nos determinismos pragmáticos que conformam a vida útil limitando as possibilidades da experiência, nem se pautar numa vaga ideia de que nascemos prontos. Essa educação tem de ter atitude, fazendo-se propositiva sem ser autoritária, reconhecendo em cada participante suas potencialidades e limitações,

---

11 ADORNO, Theodor W. Teoria da semicultura. In: *Primeira Versão*. Porto Velho, ano IV, v. XIII, n. 191, maio/ago. 2005. (Edição original W. Gesammelte Schriften, Band 8. Frankfurt am Main: Suhrkamp Verlag, 1972).

fugindo dos discursos fáceis e cativantes do relativismo cultural e da adesão tranquilizante ao já conhecido.

Liberdade, autonomia, crítica e criatividade — esses elementos tão significativos para caracterizar o leitor — não são o ponto de partida de nossa formação, mas antes pontos de chegada, sempre provisórios e precários.

As razões do direito à literatura*

---

* Originalmente publicado em *Movimento por um Brasil Literário*, em 24 de dezembro de 2012.

> *Uma sociedade justa pressupõe o respeito dos direitos humanos, e fruição da arte e da literatura em todas as modalidades e em todos os níveis é um direito inalienável.*
> (Antônio Candido)

Para que serve a literatura?

Para nada. E para tudo.

A literatura não presta para nada. A poesia, o romance, o conto, a crônica, as narrativas fantásticas e as de cotidiano, as histórias e fatos que não aconteceram e que podiam ou podem acontecer — a literatura não forma nem conforma os espíritos, não salva nem consola, não ensina nem estimula. Enfim, não se presta muito para coisas práticas e aplicadas. Não produz realidades mensuráveis e negociáveis.

A literatura presta para tudo. O texto literário é um convite a uma ação desinteressada, gratuita, uma ação que não espera que dela resulte lucro ou benefício. É o simples pôr-se em movimento, para sentir-se e existir num tempo suspenso na história, um tempo em que a pessoa se faz somente para si, para ser, um tempo de indagação e contemplação, de êxtase e sofrimento, de amor e angústia, de alívio e esperança, disso tudo de uma só vez e para sempre. Nela a gente se forma e se conforma, perde-se e salva-se, se consola e se estimula, aprende e ensina a viver em realidades incomensuráveis, ainda que realmente intangíveis.

Terá havido um momento da história em que os seres humanos pouco podiam dedicar-se a elucubrações desinteressadas. Tinham de despender quase todas as suas energias na produção da vida material, na garantia da sobrevivência. Era um tempo em que a busca de conhecer o mundo estaria diretamente relacionada à urgência da sobrevivência. Os homens e as mulheres precisavam agir sobre o meio, dominá-lo no limite de suas capacidades e criar espaços e modos para produzir sua existência. Haveria sobre todo raciocínio uma absoluta determinação pragmática.

Uma vez garantidas as condições de sobrevivência e dominado o território, o conhecimento pôde se desprender do imediato, ganhando caráter especulativo, indagando os fundamentos da existência ("Por que as coisas são como são?") e, também, um viés contemplativo ("As coisas. Que tristes são as coisas, consideradas sem ênfase."[1]). Nesse sentido, seu espírito pode se desprender das necessidades imediatas e especular sobre si e sobre os outros, imaginar outras vidas, confrontar destinos.

---

1 ANDRADE, Carlos Drummond de. A Flor e a Náusea. In: _____. *Poesia Completa / A rosa do Povo*. Rio de Janeiro: Nova Aguilar, 2002. p. 118.

Essa é a condição humana e implica a consciência de si, da vida e do mundo.

No entanto, se a disponibilidade técnica e cultural libera os indivíduos para a indagação e contemplação das coisas, de si e da vida, os imperativos práticos e ideológicos constrangem-nos continuamente de um e muitos modos, esvaziando em grande parte a tensão criativa nascente da dor e da descoberta de existir, produzindo alienação.

A alienação se realiza por dois movimentos complementares.

Por um lado, está a demanda pragmática: premida pela necessidade de dar conta das exigências da sobrevivência (não pela natureza, mas pela condição de vida, de trabalho e de formação), a gente não encontra o espaço necessário para fruir o saber e o sabor estético, qualquer que seja sua forma de manifestação.

Por outro lado, manifesta-se o automatismo: imersa nos afazeres da vida prática, a gente age sem considerar os sentidos e os valores de suas ações e dos instrumentos que usa para realizá-las. Por assim dizer, "age sem pensar". Simplesmente reconhece as coisas como elementos definitivos, que parecem ser como se só pudessem ser da maneira como aparecem.

Eis, portanto, o paradoxo: a humanidade produz continuamente conhecimento e arte: seja para saber como são as coisas, como funciona a matéria, permitindo-se agir sobre elas e criar novas condições de vida;

seja para indagar a própria existência da matéria e dos mistérios da vida. Mas essa mesma humanidade permite que a ordem material e cultural da existência se realize não pelo desenvolvimento das potencialidades criativas de cada um e de todos, mas pela lógica da acumulação e da desigualdade.

Esse conflito está o tempo todo na matriz criadora da literatura. A arte — a literatura é a arte da palavra — nasce do e no pleno espanto do viver; interpela continuamente a condição humana — suas emoções e desejos; e faz assim, não somente em sua forma imediata, mas em todas as formas possíveis. A arte, em uma certa medida muito significativa, se opõe ao fazer científico, que se pauta pela tentativa de controlar a subjetividade: a arte alimenta-se dessa subjetividade e só se realiza em função dela.

Assim, o espanto estético é produto da condição humana, dolorosa e contraditória, desejosa e criativa. Por isso ele não se acomoda à lógica pragmática nem parece ser um bom caminho para o sucesso profissional. Ainda que pessoas bem-intencionadas insistam na aproximação entre ler literatura e aprender coisas úteis (o que não é mentira), a sinceridade obriga a dizer que sim, pode ser, mas isso não é o mais importante.

Calvino, ao indagar os sentidos da literatura num mundo em que a subjetividade tem espaço cada vez mais reduzido, relaciona a razão de ser da literatura ao fato de boa parte dos seres humanos tender "a uma forte introversão, a um descontentamento com o mundo tal como ele é, a um esquecer-se das horas e dos dias fixando o olhar sobre a imobilidade das palavras mudas"[2].

Umberto Eco, por usa vez, num ensaio em que defende o valor da literatura clássica em um tempo em que se multiplicam possibilidades de criação estética e de interação imediata entre leitor e texto, sustenta que "a educação para o fado e para a morte é uma das principais funções da literatura"[3].

Ambos, assim, sugerem que a literatura é mais que diversão, entretenimento. Isso porque, pela lógica da produtividade moderna, o tempo do entretenimento é um tempo de consumo ligeiro, um tempo em que hipoteticamente ficamos sem responsabilidades. Tempo de distração, evasão e gozo imediato.

O texto e a leitura literária também se supõem irresponsáveis, mas não no sentido do esquecimento de si e dos problemas da vida para poder continuar vivendo-os naturalmente, mas no sentido de pensar para nada, pensar para ser, ler para ser, inventar para viver, ler para inventar, num movimento contínuo, sempre a estimular e a incomodar.

---

2 CALVINO, Italo. *Seis propostas para o próximo milênio*. São Paulo: Companhia das Letras, 1993. p. 65.

3 ECO, Umberto. A literatura contra o efêmero. *Folha de S.Paulo*. São Paulo, 18 fev. 2001. Caderno Mais!

Essa é a fantasia de que falava de forma tão intensa Bartolomeu Campos de Queirós: a fantasia de poder mentir e mentir-se e construir tardes e mundos fantásticos, e sofrer a dor e a alegria de ser outra, sempre sendo o mesmo. Diz o fabulista: "É no mundo possível da ficção que o homem se encontra realmente livre para pensar, configurar alternativas, deixar agir a fantasia. Na literatura que, liberto do agir prático e da necessidade, o sujeito viaja por outro mundo possível. Sem preconceitos em sua construção, daí sua possibilidade intrínseca de inclusão, a literatura nos acolhe sem ignorar nossa incompletude".[4]

A fantasia de Queirós é pura contemplação. É esse gesto desinteressado que interessa quando falamos em direito à leitura: o direito de ser no mundo e de, sendo, fantasiar e fantasiar-se.

E para que esse direito possa ser usufruído, há que se produzirem as condições materiais e sociais: crianças leitoras nascem, e crescem, e vivem, e criam em ambientes em que a leitura desimpedida ocorra espontânea e frequentemente: ambientes com muitos e bons livros, com muitas e boas histórias e poemas, com muitas palavras e desafiadoras frases desajustadas, novidadeiras, voadoras, atrapalhadas, consoladoras, brincalhonas... Palavras mudas e tagarelas.

---

4 QUEIRÓS, Bartolomeu Campos de. *O Manifesto*, 2009. Disponível em: <http://www2.brasilliterario.org.br/pt/manifesto/o-manifesto>. Acesso em: 4 nov. 2015.

E se te interpelarem, quando te virem com um livro na mão, que isso não serve para nada, responde: É, eu leio por isso mesmo... e seria bom que todo mundo também pudesse fazer assim.

Leitores de quê?
Leitores para quê?*

---

* Este texto incorpora dois outros; a primeira parte corresponde, na essência, ao artigo publicado na *Revista Aprendizagem*, Curitiba, 01 dez. 2008, com o título "Leitores de quê? Leitores pra quê?"; a segunda parte resulta da conferência *Lectura y conocimiento en la universidad*, ministrada em Bogotá, Colômbia, no Simposio Internacional Cultura Académica y Prácticas de Lectura y Escritura en la Universidad: Entre el aula y las determinaciones políticas, em 11 de outubro de 2010.

Tenho insistentemente, ao dissertar sobre questões de formação do leitor e as razões do ensino e da promoção da leitura, chamado a atenção para duas concepções que, não obstante serem muito repercutidas tanto por formadores gerais de opinião — como a mídia — como por liderança pedagógicas, são equivocadas e têm reflexos bastante negativos na ação educativa e na promoção da cultura. Uma é a visão catastrófico-denuncista de que esta é uma nação de não leitores e, portanto, uma nação com uma população pobre cultural e intelectualmente; a segunda, que anda de mãos dadas com a primeira, divulga e repercute com insistência a ideia de leitura salvacionista — leitura compreendida como um bem em si, civilizador e edificante.

Estas duas concepções, calcadas no senso comum e tomadas *a priori*, desprezam a realidade objetiva do que seja e como funciona a leitura na sociedade contemporânea. Assim, no que tange à ideia de que o Brasil é um país de não leitores, se entendemos por leitor aquele que usa a leitura e a escrita para participar da vida social, econômica, política e cultural — ao invés de se tomar um modelo abstrato e idealizado de leitor como sujeito culto e curioso de cultura — a tese anunciada não se sustenta: todos os indicadores de alfabetismo demonstram que a porcentagem de analfabetos apresenta curva descendente em todo o século XX, sendo que, na virada do século XX para o XXI, a redução passou a ocorrer também em números absolutos; ademais, nos anos noventa, o Brasil alcançou a universalização do ensino fundamental; nos últimos vinte anos, o número de matrículas na educação superior mais que quadruplicou.

De fato, o alfabetismo (entenda-se a capacidade de ler e a realização de múltiplas tarefas sociais mediadas pelo uso da escrita) tem se expandido nas sociedades modernas de forma constante, lenta e desigual. Alceu Ferraro, em estudo sobre analfabetismo no Brasil, observa que "há um movimento de queda do analfabetismo absolutamente lento e gradual, o que sugere tratar-se de fenômeno que tem seu curso próprio, imune, no caso brasileiro, à interferência de determinações legais, de planos, de campanhas e principalmente de discursos contra o analfabetismo"[1].

Isto se explica: o modelo de organização do capitalismo globalizado — o modo como se fazem a produção

---

1 FERRARO, Alceu. In: RIBEIRO, Vera Masagão. *Letramento no Brasil*. São Paulo: Global, 2003. p. 199.

econômica e a reprodução ideológica — pressupõe trabalhadores que disponham de conhecimento tecnológico (mesmo que apenas no nível prático operacional), que se comuniquem com razoável desenvoltura em ambientes públicos, que possam encontrar soluções suficientes para problemas imediatos no âmbito da gestão produtiva, que, no âmbito da normatividade funcional, avaliem suas ações e reajustem seus comportamentos conforme as circunstâncias.

O indivíduo contemporâneo, portanto, para sua inserção no mundo do trabalho reorganizado nas novas bases produtivas, bem como no correspondente universo do consumo, tem de possuir dois atributos fundamentais: competitividade e empregabilidade — o que implica um nível básico de alfabetismo.

Esse nível seria, conforme o Indicador de Alfabetismo Funcional — Inaf, aquele em que as pessoas, mesmo demonstrando limitações em operações complexas de leitura-escrita e uso da matemática, leem e compreendem textos de extensão mediana, localizam informações não imediatamente explícitas (supõem pequenas inferências), leem números na casa dos milhões, resolvem problemas com sequência simples de operações e têm noção de proporcionalidade.[2]

---

2 Inaf — Instituto Paulo Montenegro: Disponível em: <http://www.ipm.org.br/pt-br/programas/inaf/relatoriosinafbrasil/Paginas/default.aspx>. Acesso em: 13 nov. 2015.

Ainda segundo o indicador, 73% da população adulta brasileira encontram-se neste nível ou acima dele (os 27% restantes são analfabetos plenos ou analfabetos funcionais, apresentando uma capacidade de leitura--escrita e matemática insuficiente para uma efetiva participação na vida moderna). Importa observar que, na série histórica compreendendo um período de dez anos (2001-02/2011-12), o nível de alfabetismo básico pulou de 34% para 47% da população adulta, demonstração cabal da necessidade de certa capacidade de leitura para a inserção apropriada na vida produtiva.

De fato, o trato com as coisas domésticas, os cuidados consigo, o lazer e o entretenimento, as instruções de fazer coisas, as obrigações públicas, o deslocamento urbano, as tarefas do trabalho, o comércio diário, a participação em instâncias de sociabilidade (igreja, associação, clubes) — tudo isso é mediado, em diferentes níveis de complexidade, por ordenações escritas cuja compreensão correspondem ao chamado nível básico ou, para ficar com a expressão que venho usando sistematicamente, o nível pragmático de alfabetismo.[3]

Como, com evidências como essas, continuar a sustentar que este é um país de não leitores? Só mesmo tendo por *leitor* um perfil muito específico, isto é, "alguém que tenha o hábito de ler, hábito gratuito, quase

---

3 BRITTO, Luiz Percival Leme. Escola, Ensino de Língua, Letramento e Conhecimento. *Calidoscópio*, São Leopoldo, v. 5, n. 1, jan./abr. 2007. p. 24-30.

sempre ligado à curiosidade intelectual ou ao tipo superior de entretenimento e de reflexão e, acima de tudo, um comportamento individual."[4]

Que seria ser leitor? é uma pergunta que efetivamente não se responde — e isso porque simplesmente não há senão uma vaga ideia de leitor como alguém que está sempre com um livro à mão, qualquer que seja (ou quase), elucubrando sobre a vida e o mundo, vagando por mares nunca dantes navegados.

Esta vaga ideia de leitor — característica da perspectiva mítico-salvacionista tão presente no discurso pedagógico-liberal — não incorpora as indagações mais fortes de cultura, de conhecimento e de política, não avança para além da afirmação de que ler é cultura, instrução, descoberta, viagem, etc. E é preciso que assim seja, para que haja coincidência entre a concepção de leitor e a também vaga noção de participação social: o leitor "crítico" assim porque, informado pelos meios de comunicação de massa — formadores de opinião —, mantém-se na lógica liberal de democracia formal.[5]

E que fique claro, antes que me acusem de estar em campanha contra a leitura, que não pretendo, com

---

4 BRITTO, Luiz Percival Leme. Leitor interditado. In: MARINHO, Marildes; SILVA, Ceres. (Orgs.). *Leituras do professor.* Campinas: Mercado de Letras/ALB, 1998.

5 BRITTO, Luiz Percival Leme; BARZOTTO, Valdir Heitor. Promoção x mitificação da leitura. *Em dia: leitura & crítica.* Campinas, n. 1, 1998.

tais argumentos, fazer a apologia da sociedade capitalista e da cultura brasileiras nem defender a educação aligeirada para o ajustamento ao mercado. Pretendo, isto sim, demonstrar a impropriedade de um discurso de senso comum, aparentemente progressista, que, objetivamente, não mais que reproduz crenças genéricas sobre cultura e política.

A mitificação da leitura resulta de um tipo de concepção que, sem explicitar o que se entende por ler e desconsiderando as práticas sociais de leitura, ignora os modos de inserção dos sujeitos nas formas de cultura e estabelece em torno da questão juízos de valor do tipo "bom" ou "mau". O leitor mítico seria aquele que se enlevaria com os objetos da cultura, perdendo-se em reminiscências, experimentando a doce solidão aconchegante do ambiente literário. Leitor inexistente, imagem puramente projetada por espectros ideológicos, bons apenas para a conformação ao banal com verniz de filósofo.

O que há de considerar é que o hábito da leitura não é bom ou mau em si, nem tem o poder de transformar ou engrandecer as pessoas individual ou coletivamente. Ler é "verbo transitivo" e, portanto, ao indagar sobre a leitura, seja para considerar seu valor, seja para avaliar a eventual contribuição para a formação de alguém, há que indagar também sobre os objetos sobre o qual ela incide, os modos como se realiza, as relações que se estabelecem em função dela, etc.

Ler, além de ser uma ação intelectual marcadamente metacognitiva, é uma possibilidade importante para fazer muitas coisas: o escrutínio e a compreensão do mundo; a intervenção na ordem social; a produção de conhecimentos e a realização do autoconhecimento. Tudo isso se faz de uma forma muito especial pela leitura, ainda que também se possa fazer sem ela. É que uma parte importante daquilo que se entende por produção da humanidade está escrita, se fez na e pela escrita e, por isso, o pleno acesso a ela implica a leitura desenvolta e articulada.

Agora, nessa dimensão, a leitura se põe como valor. Mas, observe-se, um valor que não se origina nela e que tampouco é criação original do sujeito-leitor, mas sim que se articula com o conjunto de valores e saberes socialmente dados.

Este valor, insisto, não é algo dado por princípio, não é imanente ao texto ou ao ato de ler: é um produto histórico. Assim, podemos assumir que há, certamente, más leituras e textos ruins, há leituras inúteis, desinteressantes, etc., assim como pode haver boas leituras e bons textos para serem lidos. Mais que isso, podemos verificar os motivos e os determinantes de cada leitura, sua finalidade e seus resultados.

Para avançar a compreensão desse raciocínio, consideremos as formas como se realiza (enquanto produção e recepção) o conhecimento no mundo contemporâneo; esquematicamente, podemos identificar três esferas fundamentais, as quais são dinâmicas e se comunicam de muitas e diferentes formas: 1 — a esfera da cotidianidade, à qual correspondem as práticas da vida diária, o pensamento de senso comum e as formas gerais de ser e de consumir; 2 — a esfera da aplicabilidade técnica, a que se vinculam, por exemplo, os protocolos de produção e de comportamento, a tecnologia e as leis de convivência social; e 3 — a esfera do pensamento especulativo, ao qual se associam a ciência, a alta cultura, a filosofia, o universo legislativo, etc.

O saber cotidiano, próprio da esfera da cotidianidade, resulta de e se sustenta por saberes práticos, adquiridos assistematicamente nas relações imediatas; ele tende ao automatismo, é irrefletido e contextualizado, apoiando-se em crenças, hábitos e valores consuetudinários.

Isto não significa que nesta esfera não se imponha a necessidade do alfabetismo e da educação escolar. De fato, o cotidiano contemporâneo não se sustenta apenas em aprendizagens diretas, pressupondo também o *senso comum complexo*, produzido em outras esferas e que se realiza numa relação verticalizada. Dessa forma, é um saber transmitido e adquirido por relações assimétricas, formais ou semiformais (escola, agremiação religiosa, atenção à saúde, emprego, polícia, etc.). Assim, ele estipula as formas de participação, de produção/consumo e de divulgação/afirmação dos valores hegemônicos.

O senso comum complexo orienta as formas de comportamento e de avaliação da vida em sociedade conforme as demandas produtivas e político-institucionais, realizando, na dimensão da cotidianidade, determinações consequentes da esfera da técnica. Ainda que muitas vezes incorporado pela convivência imediata, que se faz por aprendizagem assistemática, ele impõe o alfabetismo pragmático como condição de possibilidade.

A razão técnica, própria da esfera da aplicabilidade técnica, corresponde ao conhecimento considerado útil, sistematizado e apresentado em procedimento e instrumentos de atuação sobre o meio, implicando a tecnologia (ciência aplicada), os protocolos de procedimentos industriais e comerciais, as normatizações (inclusive da vida prática, como as relativas à alimentação, asseio, etc.). Tem como medida de valor a produtividade (de coisas, de serviços, de comportamentos), como, por exemplo, ocorre com os padrões de competitividade e de eficiência, adotados pela pedagogia da adequação.

A esfera do pensamento especulativo é onde se verifica a presença contínua e sistemática do conhecimento organizado, correspondente ao que Agnes Heller chamou de o humano-genérico[6]. Ela supõe formas de organização e exposição distintas do falar e do pensar cotidiano, exige a explicitação, referenciação e descontextualização do pensamento, o que, por sua vez, faz da metacognição procedimento intelectual fundamental para sua realização.

---

6 HELLER, Agnes. *História e cotidiano*. São Paulo: Paz e Terra, 2004.

Observando os textos e gêneros comuns a cada esfera, observa-se que os textos da esfera do cotidiano são fortemente contextualizados, têm formatação e linguagem que buscam permitir a apreensão imediata do conteúdo (léxico e sintaxe próximas do falar cotidiano), estão referenciados em conhecimentos partilhados e se organizam em gêneros próprios da vida comum (cartas, receitas, bilhetes, narrativas, notícias simples de assuntos conhecidos).

No que tange aos textos da esfera da aplicabilidade técnica, esses são mais frequentemente assertivos (definitivos) e objetivos, com caráter instrumental e aplicado; referenciados na atividade com que se relacionam, têm a presença constante de jargão da área correspondente (o que, para além da precisão informativa, cria valor e identidade) e se oferecem em gêneros instrucionais e expositivos.

Finalmente, os textos próprios da esfera do pensamento especulativo circulam em gêneros específicos, distantes da vida comum (tratado, tese, ensaio, editorial, romance), tendem à autorreferência e à descontextualização, com sintaxe e léxico apartados das formas de falar cotidianas, trazendo às vezes um corte conceitual e epistemológico preciso. Contemplando as produções que se realizam nas ciências, na literatura, na filosofia, (produções intelectuais humanas mais orgânicas) e circulando em espaços específicos, esses textos demandam aprendizagem intencional, tensa e sistemática.

Evidentemente que a percepção das esferas e dos textos que nelas se produzem e circulam não significa um modelo estanque de apreensão da cultura escrita. Tanto as esferas como os textos se comunicam, se atravessam e se sobrepõem de muitas formas e por diferentes dinâmicas, inclusive em função do lugar de recepção e da finalidade do leitor. As tendências, contudo, são evidentes e seu reconhecimento pode conduzir a análises e posturas político-pedagógicas mais consistentes.

Uma vez que os textos da esfera do pensamento especulativo preveem procedimentos intelectuais específicos, monitorados, sua apreensão depende de uma formação que não se adquire simplesmente pelo hábito ou pela instrução básica. Aqui, se relaciona a leitura com "acesso ao conhecimento diferenciado, aquele que permite ao leitor reconhecer sua identidade, seu lugar social, as tensões que animam o contexto em que vive ou sobrevive, e sobretudo a compreensão, assimilação e questionamento seja da própria escrita, seja do real em que a própria escrita se inscreve"[7].

É certo que a grande maioria das pessoas não faz ou faz pouco essa leitura. Num certo sentido muito específico, não lê.

---

7 OSAKABE, Haquira. Considerações em torno do acesso ao mundo da escrita. In: ZILBERMANN, Regina. *A leitura em crise na escola — as alternativas do professor*. Porto Alegre: Mercado Aberto, 1984. p. 147-52.

Mas é preciso cuidar para não se submeter ao queixume ingênuo de que a gente não lê; na verdade, a leitura, numa dimensão fundamental da vida, está interditada para a grande maioria das pessoas. E não será nenhum verbo milagroso que mudará essa realidade; não é por uma falta genérica de interesse ou de gosto que a gente não lê: é por condição. E tampouco se mudará a realidade com a propaganda da leitura gostosa e agradável. Ler, na direção sugerida neste texto, pode ser algo muito exigente, difícil e incômodo em todos os sentidos que a palavra pode adquirir. O prazer de ler deve vir do desenvolvimento da consciência e da capacidade de estudar, de pensar o mundo sistematicamente, de fantasiar e fabular sem simplesmente consumir a fantasia industrial.

Por fim me repito: nessa perspectiva, a leitura (e seu ensino), enquanto forma de ser e estar na história, de indagá-la e de querer fazê-la, deve ser compreendida como posicionamento político diante do mundo. E a ignorância do caráter político do ato de ler (como acontece em tantas bem-intencionadas ações de promoção de leitura e de estudo sobre o que é ler) não anula seu componente político, porque este é constitutivo do processo, mas conduz à mitificação da leitura e ao pragmatismo pedagógico.

Somente reconhecendo a historicidade do conhecimento e da leitura é que avançaremos uma política de formação que, afastando-se do pragmático produtivista e da fantasia liberal, assuma uma perspectiva crítica e libertária. E quanto maior for a consciência que tivermos deste processo, mais comprometida e participante será nossa intervenção político-pedagógica na formação de leitores.

Promoção da leitura e cidadania*

* Versão revista, atualizada e ampliada de texto originalmente publicado em *Folha PROLER*. Rio de Janeiro, ano II, n. 5, set. 1998..

Para que servem programas e campanhas de promoção da leitura?

Programas de promoção da leitura existem porque se crê que as pessoas leem pouco e que ler é um comportamento que vale a pena ser estimulado. Não pretendo aqui discutir tais pressupostos, ainda que valha a advertência de que são demasiadamente genéricos e imprecisos. Objetivamente, pouco se sabe o que e como se lê em sociedades complexas e nunca se explicitam os valores subjacentes à ideia de que ler é bom.

A questão que colocamos é: de que modo um programa de incentivo à leitura, dentro do atual quadro histórico em que vivemos, pode contribuir para que a maioria dos cidadãos brasileiros, principalmente aqueles que têm direitos cerceados em função da desigualdade social, possa exercer o direito à cidadania, expresso pela inserção no mundo que o código escrito constrói?

Para responder a essa pergunta é preciso entender que incentivar a leitura nos dias de hoje tem um valor político diferente do que tinha na década de setenta, quanto se iniciaram os movimentos pró-leitura. Naquele momento, em que a sociedade vivia sob o poder da ditadura militar, lutava-se pela liberdade de expressão, e a propaganda da leitura, qualquer que fosse revestia-se de valor político de contestação ímpar e de contra--informação. O que estava em questão era o combate à censura, à defesa da liberdade e, portanto, no que tange à leitura, direito de ler sem censura, assim como no que diz respeito à educação, a palavra de ordem era poder aprender e pensar sem limites.

Com a conquista da democracia política (mesmo que em marcos institucionais precários e nos limites da ordem burguesa) e o restabelecimento da sociedade de direito, por um lado, e a multiplicação de produtos impressos e o desenvolvimento das pesquisas na área da leitura, por outro, colocam-se novos temas para aqueles que desejam uma sociedade solidária e justa: a tarefa que temos agora, além da insistência no valor da leitura, está na democratização do acesso aos bens culturais que se expressam pela leitura. E isso exige a formação de um leitor capaz de, encontrando a autoria do texto que se dá a ler, evitar as armadilhas ideológicas nele contidas e posicionar-se criticamente diante do outro, tomando a palavra e tornando-a sua, produzindo sua contrapalavra.

E como se forma esse novo leitor?

Desde logo, é preciso recusar peremptoriamente o subjetivismo idealista e exacerbado que subjaz em afirmações do tipo "ler é bom", "ler enobrece o espírito", "ler torna as pessoas mais cultas", "ler enriquece o vocabulário" correntes nos discursos de promoção da leitura. A leitura não é tábua de salvação de ninguém nem necessariamente nos faz melhores ou mais solidários nem é o leitor um sujeito desarraigado de sua condição de classe ou um ser carente que encontra na leitura a redenção individual.

Uma das características mais marcantes da concepção redentora de leitura é a ideia de que as pessoas, se verdadeiras leitoras, ficariam melhores, libertas de um estado de alienação, o que possibilitaria seu engajamento, a partir da vontade despertada pela própria leitura, em movimentos de solidariedade ou de transformação da sociedade.

Na outra ponta do mesmo laço, criam-se em torno desta ideia correntes de leitores e movimentos por leitura assemelhados a grupos religiosos e ações beneficentes, organizando-se campanhas de leitura, para levá-las aos presídios, hospitais, parques, etc. A leitura salva, imagina-se!

A par e a passo dessas duas ideias tão difundidas quanto inquestionáveis, está uma terceira: a de que ler seria um prazer desconhecido do sujeito que não lê e que é preciso mostrar-lhe isso. Para amainar o caminho, realizam-se, afastando-se do que seriam pedagogias conservadoras, animações e atividades descontraídas com textos supostamente próprios do interesse das pessoas, buscando fazer da leitura uma experiência prazerosa e atraente. E, assim, supõe-se, de passo em passo, vai o leitor se aproximando da verdadeira leitura...

A consequência imediata por um e outro destes modelos de promoção de leitura é a submissão das práticas leitoras aos interesses das empresas de produção de textos e informação e às conformações ideológicas liberal-burguesas. Produzem-se e vendem-se objetos de leitura como se produzem e se vendem outros objetos de cultura de massa.

Nada mais falso e pernicioso para a formação do leitor.

De fato, é impossível imaginar que tal prática de leitura possa ser mais significativa do que qualquer atividade de entretenimento ou de recepção de informação, como assistir a um filme ou ao noticiário de televisão ou ir ao parque de diversões ou jogar futebol; e é improvável que ocorra o amadurecimento progressivo do leitor, que, com o tempo e a leitura constante de textos simples, passaria a realizar leituras de textos mais densos; assim como não acontece o amadurecimento do espectador de cinema que, de tanto assistir a filmes de ação, termina por desejar cinema de autoria.

A tendência mais provável é a de que o leitor, assim como o espectador que rejeita programas que exigem maior envolvimento intelectual, torna-se avesso aos textos densos sob o argumento de que são complicados e não respondem ao lazer imediato.

Para usar uma expressão de Haquira Osakabe,

trata-se de uma forma de leitura que se estabeleceu como uma necessidade pragmática: alfabetiza-se o indivíduo para que seja mais produtivo ao sistema (por "produtivo", aqui, queremos significar a capacidade tanto de seguir apropriadamente instruções de trabalho, quanto a de consumir os produtos de mercado). Não ocorre, nestas condições, nem ruptura com o já dado nem acesso efetivo a outras formas de expressão de cultura e de conhecimento: "leitor de um universo tranquilo, que deve ser o seu, sua escrita se inscreve em práticas que servem a esse universo. Além desse limite, o mundo da escrita se turva e ela se torna perigosa e corrosiva"[1].

A dimensão ética da leitura, que, para Benedito Nunes, representa a possibilidade "de descoberta e de renovação de nossa experiência intelectual e moral, de adestramento reflexivo, de um exercício de conhecimento do mundo, de nós mesmos e dos outros"[2], é incompatível com a lógica de mercado e de embotamento intelectual.

Enfim, essa concepção de leitura que se mostra com caráter redentor, ignorando o quanto do caráter

---

[1] OSAKABE, Haquira. Considerações em torno do acesso ao mundo da escrita. In: ZILBERMANN, Regina. *A leitura em crise na escola — as alternativas do professor.* Porto Alegre: Mercado Aberto, 1984. p. 147-52.

[2] NUNES, Benedito. Ética e leitura. *Leitura: Teoria & Prática*, Campinas, ano 15, n. 27, jun. 1996. p. 3-9.

excludente e discriminador da sociedade capitalista, remete a uma visão de sociedade em que o sucesso ou o insucesso são sempre creditados aos sujeitos particulares. Como a leitura se faz em função da manipulação de sistemas específicos de referência e de interpretação, sistemas constituídos histórica e socialmente, é razoável supor que, em certa dimensão, ela vem sendo quase propriedade dos segmentos sociais que dispõem de condições socioeconômicas privilegiadas. Neste sentido, o sujeito que tenha, por meio de sua condição econômica, acesso aos bens de cultura socialmente valorizados pode ser "leitor" mesmo que não tenha o "hábito de ler".

Com isso, não negamos a importância do domínio das formas de expressão escrita na formação dos sujeitos. Ao contrário, insistimos na tese de que a concepção crítica da leitura passa pela denúncia da desigualdade social e das formas de escamoteação ideológica desta desigualdade.

Descontextualizada e limitada a práticas individuais, a ideia de que, por meio da leitura, pode-se ascender socialmente, não apenas é falsa, como, e principalmente, acaba por reforçar o preconceito político e social contra os segmentos sociais marginalizados. "Pobre, quando lê, lê coisas sem importância", diriam os leitores elitistas.

Em contraposição à visão domesticadora de leitura, é preciso postular o leitor crítico, como o faz Ezequiel Theodoro da Silva: "numa sociedade como a nossa, onde se assiste à reprodução eterna das crises e à naturalização da tragédia e da barbárie, a presença de leitores críticos é uma necessidade imediata de modo que os processos de leitura e os processos de ensino da leitura possam estar vinculados a um projeto de transformação social"[3].

Não é fácil, bem o sabemos, a formação do leitor crítico. O modo de produção e consumo capitalista fundamenta-se num espírito competitivo e antissolidário, próprio da acumulação desenfreada do capital e do poder. A indústria do entretenimento pasteuriza os valores, transformando tudo, inclusive as artes, em mercadoria. A globalização, mais do que aproximar os povos e as culturas, tem reforçado a lógica perversa da exclusão e a negação das saídas coletivas e do ser social, a crítica da própria sociedade em que está inserido.

O leitor crítico será, então, aquele que, na leitura, se afirma e se reconhece como parte do processo de produção de sentido. Ele não toma impunemente a palavra alheia e a reproduz, mas sim, mesmo quando concorda com o autor do texto, dirige a ele — texto, autor — sua contrapalavra, assumindo conscientemente para si o que foi enunciado por outro. Caso contrário, ele se desfaz como sujeito, se aliena da vida e do conhecimento.

João Wanderley Geraldi observa que "um leitor que não oferece às palavras lidas as suas contrapalavras,

---

[3] SILVA, Ezequiel Theodoro da. *Criticidade e leitura: ensaios.* Campinas: Mercado das Letras, 1998. p. 33.

recusa a experiência de leitura. É preciso vir carregado de palavras para o diálogo com o texto. E essas palavras que carregamos multiplicam as possibilidades de compreensões do texto (e do mundo) porque são palavras que, sendo nossas, são de outros, e estão dispostas a receber, hospedar e modificar-se face às novas palavras que o texto nos traz".[4]

Em uma campanha social pela leitura, deve-se postulá-la como um direito. Trata-se de outra face da disputa político-social pelo poder, assim como a luta pela terra, por habitação, por trabalho, por saúde e educação. Daí porque, respondendo à pergunta que fizemos no início deste texto, qualquer programa comprometido de promoção da leitura deve privilegiar o trabalho com escolas e bibliotecas públicas, sem dúvida as duas instâncias mais diretamente ligadas à formação do leitor e ao acesso aos textos.

Se o que efetivamente se pretende é incentivar a leitura e a vivência cultural como bens públicos, como marca e possibilidade de cidadania, tem-se de abandonar as visões ingênuas e fantasiosas de leitura e de educação, investindo num movimento consistente pelo direito de poder ler.[5]

---

[4] GERALDI, João Wanderley. Leitura: uma oferta de contrapalavras. *Educar em revista*. Curitiba, n. 20, 2002. p. 77-85.

[5] Em 2009, dez anos depois da publicação deste texto, fundou-se o *Movimento por um Brasil Literário*.

O excluído de fato da leitura não é o sujeito que sabe ler e não gosta de romance, mas o mesmo sujeito que, no Brasil atual, não tem terra, não tem emprego, não tem habitação.

A quinta história e as outras — Sobre leitura e construção de sentidos*

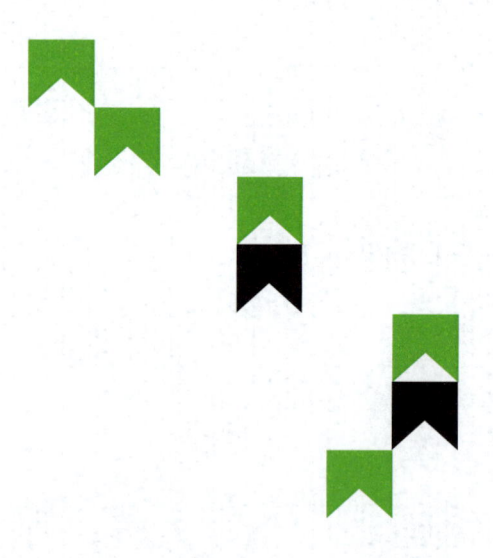

---

* O texto do qual resulta este artigo foi publicado, sob o título de "Três faces de uma megera" (reflexões sobre a leitura) em *Letras*, v. 7, n. 1 e 2, Puc-Campinas, dez. 1989, e depois em *Fugindo da norma*, Campinas: Átomo, 1991. A atual versão foi revista e modificada em muitos aspectos: troquei o título, porque impróprio, aboli os subtítulos, retirei a seção em que se discutia o ensino escolar da leitura, revi a redação e alguns argumentos, acrescentei referências. Contudo, a tese original do texto sobre produção de sentidos na leitura foi mantida.

I

Diz-se que as possibilidades da leitura literária, assim como as galerias da biblioteca de Babel e a memória de Funes, são infinitas.

Há aí, para além do truísmo do inusitado de cada momento da existência, evidente exagero. De fato, essa concepção, talvez pela dificuldade de estabelecer um sentido exato para *novo*, tem estimulado muita confusão teórica e metodológica; diz-se, sem muito cuidado para suas implicações: que qualquer leitura (interpretação/intelecção) é legítima e possível; que o leitor é que constrói o significado do texto; que o sentido primeiro do texto se perde em sua origem e que os sentidos legítimos são os que lhe sobrepõem à história; e outras ideias desse jaez.

Tento explorar neste artigo, de uma perspectiva da linguística, mas também com um olhar pedagógico, possibilidades e limites da interpretação na leitura de textos literários. Busco, acima de tudo, encontrar o equilíbrio entre autor, leitor e texto, mediados pela história e pelas condições de produção do texto.

II

De que coisa trata *A Quinta História*[1], de Clarice Lispector? Chama-se também "Leibnitz e a transcendência do amor na Polinésia" e começa assim: "queixei-me de baratas". Não há mais informação, a menos que se saia dessa e se vá às histórias anteriores em busca de um princípio. São várias histórias, todas com o mesmo básico: uma mulher se vê às voltas com baratas em seu apartamento e, por sugestão de uma vizinha, avia uma receita caseira para matá-las. O gesto repetitivo de matar baratas desencadeará um processo psíquico de características neuróticas.

Como isso não explica nada, vem a pergunta: que história é esta que são muitas e a mesma? Trata-se de acabar com as baratas, está bem. Mas de uma palavra dita sem compromisso à altura que permitisse sua audição pela vizinha, desta palavra brotará um turbilhão de outras.

Baratas: se as há, há que se queixar delas; se há o incômodo que elas causam, há a necessidade de livrar-se delas, matando-as. E o gesto consciencioso e laborioso de preparar o veneno faz o gesto transformar-se em

---

[1] In: LISPECTOR, Clarice. *A legião estrangeira*. Rio de Janeiro: Rocco, 1999. p. 74-6. (1. ed. 1964).

desejo de matar — assassinato — e, se há crime, há culpa e o castigo na forma do eterno retorno: um batalhão de baratas subirá todas as noites pelos canos e invadirá os espaços internos da casa. A solução é a expiação do pecado — a dedetização, a higiene moderna salvadora.

Neste momento, já fiz minhas as baratas e, impossibilitada de amar objeto tão asqueroso, viajo para bem longe, a terra idílica de um amor sem culpas onde mulheres andam nuas — a Polinésia —, na busca da transcendência amorosa. Viagem interna, livresca, metafísica — Leibnitz —, promotora do interno retorno: a quinta história é a primeira mesma.

Volto ao ponto inicial, pronta para recomeçar. E, para evitar a loucura ou a morte é preciso, como Sherazade, fazer da história o infinito. Por isso, a história, "embora única, seriam mil e uma, se mil e uma noites me dessem".

Desse círculo inicial, partem outros, criando-se uma figura heliocêntrica, cujo sol é o próprio senhor das histórias, é quem as cria e as põe em movimento ou, ainda as mantém em movimento em torno de si-mesma, encasulando-se.

Nesta primeira aproximação, o sujeito é o centro da história; as significações que se multiplicam no desenrolar das seguidas narrativas são o resultado da convivência entre o narrador e a palavra: é ele o criador das baratas, dador de significados a este bicho plástico, sem sangue, que deixa escorrer um líquido branco quando esmagado (*A paixão segundo G. H.*). O narrador parece saber de tudo que diz e dirá; aparenta estar brincando e deixa que a teia de signos se construa livremente — ela e suas associações: do eu, centro do universo, emanam todos os sentidos.

No entanto, como esse sujeito, mesmo querendo ser o centro, é também decorrência, fruto de palavras, do mundo de palavras dos homens, ela cria significações apenas dentro da rede de significações historicamente tornadas possíveis : a barata, bicho pré-histórico urbano, anedoticamente afeito às mulheres e seus conhecidos ambientes: o açúcar, a cozinha, a área de serviço; mas também bicho asqueroso, que vive de sujeira, que habita os canos, buracos, bueiros, esgotos; e bicho que se mostra à noite, à hora do sono, em que estamos tão desprotegidos.

Nessa espiral de produção de significados, aparece um curioso jogo de identidades: as baratas, que corporificam o mal — o mal bíblico, que pronuncia "o santo nome do amor em vão" e que, por seu pecado, é transformado em estátua —, são o elemento invasor. Elas absorvem simbolicamente toda a violência introjetada pelo indivíduo e são a própria projeção dos seus desejos mais recônditos. Mais que matar as baratas, é a si-mesma que a narradora quer ver morta. Na transferência, ela encontra uma saída — saída labiríntica, cíclica, eterna: as baratas crescerão alimentadas pelo próprio veneno com que as quis matar. E o sujeito se confunde com as baratas e se realiza: já não precisa de mais ninguém.

Isso é um truque: se escreve é porque quer que alguém o encontre; mesmo que sendo apenas um lapso, mostra a presença renascida do outro: sim, precisa de mil e uma noites para a permanência da história e isso depende de alguém que lhe ceda as noites com sua audiência. Mas, ao mesmo tempo em que reconhece, trata de apagar o outro, destituindo-o de materialidade, anulando-o como interlocutor: o outro é sujeito gramaticalmente indeterminado, um-qualquer ("embora uma única, seriam mil e uma, se mil e uma noites me dessem"): basta o solilóquio egoísta!

E jogando com a fortuna, enredando-se em sua sedução, essa dona de casa parece confessar-se, buscando justificação de seus gestos: há a necessidade de preservação do lar — reduto da moral —, do "nosso nome", ameaçado pela sórdida presença do invasor: as baratas e as emoções que elas provocam são "o mal secreto que roía casa tão tranquila".

No entanto, não há a quem mais se confessar, nem mesmo na história que conta essa contadora de história. Pela segunda vez, a narradora admite e nega a interlocução: depois de tornar o outro semanticamente indeterminado, transgride agora um dos pressupostos básicos dos atos de fala, confessando-se para ninguém. Por isso, "no morro um galo cantou". Há vida lá fora, longe, nostálgica.

Nestes repetidos gestos de camuflagem, de denegação da existência e de simultâneo reconhecimento do outro, a narradora esconde-se a si-mesma: se, num primeiro momento, tem-se a impressão de que este sujeito é de corpo e alma — é uma mulher ocidental, de vida urbana, classe média (vive em um apartamento que tem cozinha, área de serviço, quarto, sala), contemporânea, culta, que se incomoda com baratas, aos poucos nos vamos dando conta de que tudo são apenas disfarces. Um a um, estes atributos vão se transferindo para as baratas, que vivem a ocidentalidade, fazem amor, invadem o apartamento e sobrevivem à dedetização. Ao narrador resta não mais que a fuga para uma longínqua ilha da Polinésia na busca de sobreviver em um mito original.

Duplo jogo de ausência, porque se estabelece um processo no qual somente o objeto — as baratas — se corporifica. Primazia do objeto em relação aos sujeitos, inversão absoluta de valores e princípios que se completam na antropomorfização do objeto: as baratas, vitoriosas, reproduzem no interior da casa a última noite de Pompeia. Não é à toa que esta história seja conhecida como a história das baratas.

A história se completa: as baratas são o próprio texto, seu único agente e sujeito. O eu se metamorfoseou em baratas e nenhum sacrifício poderá salvá-lo: nem a moderna técnica da dedetização.

III

É, pois, o texto o objeto central das atenções. Mas, paradoxalmente, se, em seu interior ocorreu a elisão dos sujeitos, ele só se realiza porque há sujeitos que o leem. É na mediação da relação entre o sujeito-autor e o sujeito-leitor que o texto se afirma e, com isso, perde a autonomia que conquistou na história.

Em *A Quinta História*, a narradora é uma máscara, uma representação de um outro eu (o "autor-real" ou projetado), e o leitor apenas uma possibilidade imaginada; por isso podem ser elididos. Por trás desse jogo está a leitura, ação específica do leitor, que realiza significações latentes no texto. Assim, é a interlocução real entre autor e leitor, mediada pela escrita, que dá vida à história desse mesmo tempo que, num determinado momento, pretendeu negá-los.

É, então, necessário perceber que esta negação é um artifício, um jogo de esconder e mostrar. O autor escreveu o texto para ser lido; se a personagem-narradora (que se quer autora, senhora da história) não vê seu interlocutor, o autor sabia que alguém o leria e escreveu de alguma forma tendo em mente essa imagem de leitor. O texto que há pouco precisou de alguém que o lesse para que fosse realidade além de papel e tinta, precisou antes de alguém que o fizesse, de tal forma que ele pudesse constituir uma primeira rede de significações.

Agora, a história retorna à realidade do discurso, de onde nunca saiu verdadeiramente: "o texto instala o espaço da subjetividade, [...] é processo de significações, lugar de sentidos"[2].

Esse espaço não é vazio: o texto perdeu a aura, perdeu o privilégio de ser a voz única, mas não perdeu a importância. Fruto de uma relação histórica da qual participam autor e leitor, o texto guarda o leque de significações possíveis — ilimitadas e definidas. Em qualquer época ou lugar, dentro das relações discursivas específicas, ninguém poderá ver elefantes invadindo uma aldeia quando se fala de baratas ocupando um apartamento.

Observa Carlos Franchi:

> *E se as expressões são, por força de sua forma de construção, indeterminadas em muitos sentidos, nem por isso deixam de orientar a interpretação, de modo muito preciso, para uma certa "regionalidade". A ideia vaga de que a significação se constrói em cada contexto não é só irrealista; é anti-histórica, antissociológica, antiantropológica. É por isso que os "camelos" são camelos e não cabeças de alfinete.*[3]

---

[2] ORLANDI, Eni Pulcinelli. A produção e suas condições. In: _____. *A linguagem e seu funcionamento — as formas do discurso.* São Paulo: Brasiliense, 1983. p. 183.

[3] FRANCHI, Carlos. Reflexões sobre a modularidade da mente. *Boletim da Abralim.* Rio de Janeiro, n. 8, 1986.

Franchi não ignora que há um sentido do momento, único enquanto fenômeno particular envolvendo interlocutores específicos; o que ele observa é que essa realização se faz com base em elementos relativamente estáveis e identificáveis.

Na mesma direção, Bakhtin distingue dois níveis diferentes num enunciado linguístico para dar conta do aspecto dinâmico da linguagem: o "tema" e a "significação"; enquanto a significação é constituída dos elementos da enunciação que reiteráveis e idênticos a cada vez que são repetidos, o tema é o sentido da enunciação completa, individual e não reiterável; ele se apresenta como a expressão de situação histórica concreta que deu origem à enunciação. A significação está no tema, que constitui um nível superior de linguagem.[4]

Essa proposição analítica do funcionamento da linguagem e dos processos de produção de sentido ajuda a compreender a dicotomia que se estabelece entre leitura parafrástica (reconhecimento do sentido dado pelo autor) e leitura produtora (atribuição de sentidos múltiplos ao texto)[5]. Toda leitura é necessariamente parafrástica, na medida em que trabalha com significações sociais, históricas, e necessariamente produtora, uma vez que é única e

---

4 BAKHTIN, Mikhail. *Marxismo e filosofia da linguagem*. São Paulo: Hucitec, 1986.

5 ORLANDI, Eni Pulcinelli. *A linguagem e seu funcionamento — as formas do discurso*. São Paulo: Brasiliense, 1983.

realizada em condições específicas e não reiteráveis.

> *A significação não está na palavra, nem na alma do falante, assim como não está na alma do interlocutor.* [...] [Ela] *pertence a uma palavra enquanto traço de união entre interlocutores, isto é, só se realiza no processo de compreensão ativa e responsiva.*[6]

De volta às histórias, vê-se que o jogo criado no interior do texto depende da relação estabelecida em seu exterior — relações que se determinam pelas condições de produção discursiva. Autor e leitor, locutor e interlocutor, relegados na história pelas baratas, dão a volta por cima e reassumem seu papel de sujeitos da história.

IV

Pergunto agora sobre a especificidade da leitura. Que relação é esta que se estabelece entre sujeitos por um texto?

Antes de continuar, há que observar que a própria noção de texto, apesar de largamente usada, tem uma indefinição incômoda ou perigosa.

Roland Barthes, por exemplo, parece usar essa palavra com pelo menos dois sentidos diferentes que,

---

6 BAKHTIN, Mikhail. *Marxismo e filosofia da linguagem*. São Paulo: Hucitec, 1986. p. 132.

propositadamente, não se esclarecem: ora texto é um enunciado linguístico, ora é a própria realidade simbolizada pelo homem (donde surge o conceito de texto não verbal).[7]

Prefiro assumir uma perspectiva mais restrita em que, sem desprezar a importância das múltiplas semioses, texto é entendido, na acepção de Slakta, como "ação verbal e matriz, onde a língua ganha sentido" ou "conjunto de frases que entretêm relações implícitas com o que se chama extralinguístico".[8]

Mas é preciso restringir ainda um pouco mais o objeto em consideração e reconhecer que há uma especificidade do texto escrito, que não pode ser compreendido como mera extensão ou registro de uma oralidade primeira[9]. De fato, a mudança de registro oral para o escrito é bastante complexa e acrescenta novas e fundamentais dimensões ao texto. Jacques Derrida, por exemplo, sustenta que o símbolo gráfico, ao subverter uma característica fundamental da fala, se não a central (a não permanência de sua materialidade), acaba por se

---

7 BARTHES, Roland. *O prazer do texto*. São Paulo: Perspectiva, 1977.

8 SLAKTA, Daniel. Esquisse d'une theorie léxico-semantique: pour une analyse du text politique (Cahiers du doleances). *Language*, 23, Paris, Dider Larousse, 1971.

9 OSAKABE, Haquira. Considerações em torno do acesso ao mundo da escrita. In: ZILBERMANN, Regina. *A leitura em crise na escola — as alternativas do professor*. Porto Alegre: Mercado Aberto, 1984. p. 147-52.

tornar de natureza distinta à do símbolo oral, ainda que ambos remetam, teoricamente, à mesma língua[10].

Assim, se na oralidade, seja pela presença física dos interlocutores, seja pela fluidez da fala que esvanece tão logo se enuncia, o texto surge em função sujeitos, na leitura é o texto que se impõe, pelo menos aparentemente, a esses mesmos sujeitos. A voz impressa toma vulto e assume o lugar de centro da história.

O texto em sua materialidade, contudo, exige autor e leitor, ele, que é criação deles, também os cria, projetando-os como possibilidades imaginárias. Se considerarmos a língua resultado da existência de uma relação na qual locutor, texto e interlocutor aparecem como vértices de um triângulo, o texto escrito aparece como a fixação de um momento particular dessa dinâmica, de modo que há o esvaziamento do lugar de interlocutor (leitor) que passa a ser um lugar virtual, preenchível: a) por um jogo de projeções imagéticas; b) por um novo interlocutor real a cada vez que se restabelece o triângulo (em certa medida, uma vez escrito o texto, o mesmo processo ocorre com o lugar do escritor).

Ao propor esse triângulo, tomo por base a afirmação de Bakhtin de que

> *Toda palavra* [texto] *comporta duas faces. Ela é determinada tanto pelo fato de que procede de alguém, como pelo fato de*

---

10 DERRIDA, Jacques. *Gramatologia*. São Paulo: Perspectiva, 1973.

que se dirige a alguém. Ela constitui justamente o produto da interação do locutor e do ouvinte.[11]

De maneira esquemática tem-se:

```
         Texto
          /\
         /  \
        /    \
   Autor ---- Leitor
     ·········
    Significação
```

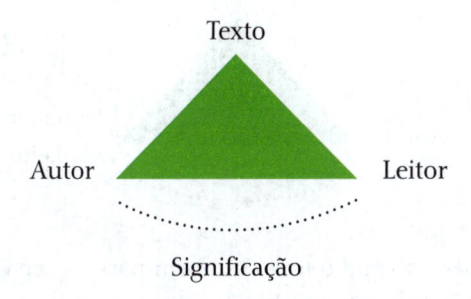

Na fala, a ideia de interação é cristalina e a noção de momento único é reforçada pela necessidade de reproduzir o texto a cada vez. Ora, o texto escrito, uma vez produzido será sempre o mesmo (ou quase, já que as intervenções editoriais podem modificá-lo em aspectos essenciais[12]), reproduzível ilimitadamente. O escritor, no entanto, escreveu-o uma única vez e na ausência física do leitor. Isso faz ganhar importância a noção de projeção imagética, que passa a dominar a produção da leitura e da escritura.

---

[11] BAKHTIN, Mikhail. *Marxismo e filosofia da linguagem*. São Paulo: Hucitec, 1986. p. 113

[12] CHARTIER, Roger. *A Ordem dos livros — leitores, autores e bibliotecários na Europa entre os séculos XIV e XVIII*. Brasília: Unb, 1994.

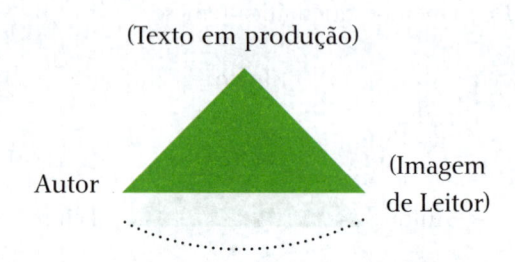

Desta forma, o triângulo original é reinterpretado nos seguintes moldes:

(Texto em produção)

Autor — (Imagem de Leitor)

Repare-se que o texto também passa a ser virtual; ele não existe, está sendo feito, é processo.

Texto em leitura

Imagem Autor — (Imagem de Leitor)

Outra vez o texto é virtual, só existindo enquanto impressão; a leitura está sendo feita, é processo.

João Wanderley Geraldi, em comunicação pessoal, chamou-me a atenção para outros níveis de significação que a leitura permite a partir das relações que os vértices do triângulo interlocutivo mantêm com outros triângulos; são tais expansões que permitem as múltiplas possibilidades de produção de sentido dentro de um campo aparentemente limitado.

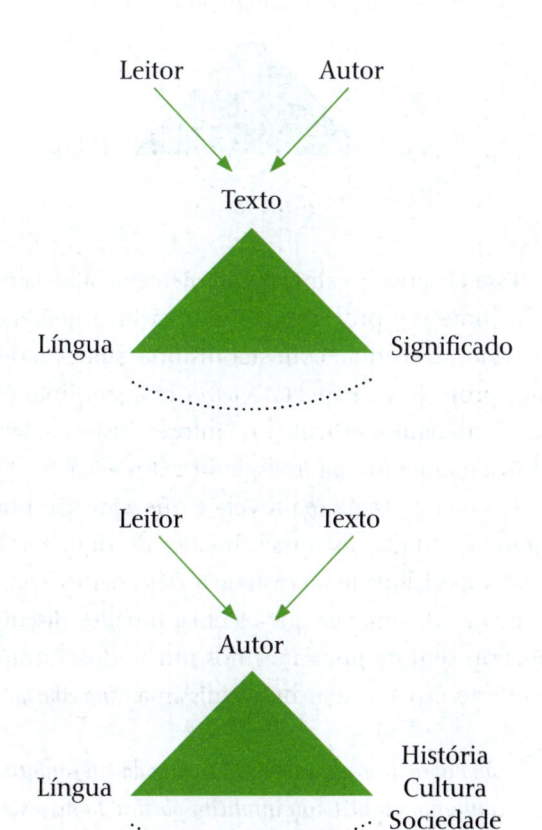

```
        Leitor      Autor
           ↘        ↙
            Texto
           ╱     ╲
      Língua     Significado
```

```
        Leitor      Texto
           ↘        ↙
            Autor
           ╱     ╲
                  História
      Língua      Cultura
                  Sociedade
```

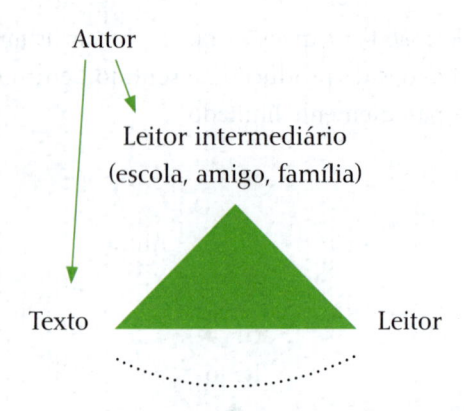

```
        Autor
         ↓ ↘
    Leitor intermediário
    (escola, amigo, família)
         ↓
    Texto    ▲    Leitor
```

Essa observação amplia enormemente a ideia de leitura como um processo em que vários sujeitos estão inseridos, cada qual com sua história, sua experiência, suas projeções e expectativas. A imagem final é a de vários triângulos articulados (autores, histórias, leitores, textos, momentos, padrões, intertextos, etc.).

O que este esquema revela é que, sim, são praticamente ilimitadas as possibilidades de significação do texto, especialmente no caso de textos abertos, como são os literários, uma vez que os emaranhados discursivos se farão sempre por caminhos inusitados. Conforme, Umberto Eco, em sua conhecidíssima *Obra Aberta*,

> *cada obra de arte, ainda que produzida em conformidade com uma explícita ou implícita poética da necessidade, é substancialmente aberta a uma série virtualmente infinita de*

> *leituras possíveis, cada uma das quais leva a obra a reviver, segundo uma perspectiva, um gosto, uma execução pessoal.*[13]

Isso, contudo, não invalida a ideia de que o texto estabelece em que bases as leituras podem se fazer. Se é certo que cada leitor, a cada vez, vive uma experiência pessoal, projetando emoções e percepções suas no texto, também é certo que um texto tem uma materialidade que implica diferença em relação a outros textos — ou então qualquer leitura se faria sobre um único e mesmo texto: o texto nenhum.

Novamente, a palavra é de Umberto Eco:

> *A leitura das obras literárias obriga a um exercício de fidelidade e de respeito dentro da liberdade de interpretação. Há uma perigosa heresia crítica, típica dos dias de hoje, segundo a qual é possível fazer qualquer coisa com uma obra literária. Não é verdade. As obras literárias convidam à liberdade de interpretação porque propõem um discurso com muitos planos de leitura, defrontando-nos com a ambiguidade da linguagem e da vida.*[14]

---

13 ECO, Umberto. A poética da obra aberta. In: _____. *Obra Aberta*. São Paulo: Perspectiva, 1991. p. 63.

14 Idem. A literatura contra o efêmero. *Folha de S.Paulo*, São Paulo, 18 fev. 2001. Caderno Mais!

Assim, as possibilidades de leitura de uma obra literária se estabelecem na e com a História, e com as aprendizagens de leitura de cada leitor e das comunidades de leitores. O leitor se assume como sujeito da leitura e, simultaneamente, reconhece o outro (o autor, os demais leitores, a cultura) e seus sentidos nos sentidos que produz.

Aprender a ler — para além da decifração necessária ao trato com a escrita — é também aprender na cultura os jogos e as determinações que fazem os textos.

O leque do *I Ching* — Sobre os limites de leitura e interpretação*

---

* Texto produzido em coautoria com Roberta Pires de Oliveira. Versão editada e corrigida da originalmente publicada com o título: "O leque do *I Ching* — considerações de dois leitores e linguistas", em *Leitura: Teoria & Prática*. Campinas, ano 7, n. 11, jun. 1988. p. 27-35.

Propomos neste texto uma análise do *I Ching — o livro das mutações*[1], levando em consideração uma teoria da leitura que reconheça que a produção última do sentido passa tanto pela forma em que o texto se apresenta como pela ação intelectiva do leitor.

Uma teoria mais acabada da leitura implica vários aspectos que não serão considerados, tais como aqueles aportados por uma teoria de língua e uma teoria do conhecimento. Para nosso propósito, assumimos que uma língua não é um sistema fechado, apresentando-se sempre em movimento, e que o processo de produção de sentido passa pelo tipo de interação que locutor e interlocutor estabelecem em função do contexto e de suas referências de mundo.

---

1 Há diversas versões do livro em português. Utilizamos o *I Ching — o livro das mutações*. Tradução do chinês para o alemão, introdução e comentários de Richard Wilhelm, com prefácio de C. G. Jung; introdução à edição brasileira de Gustavo Alberto Corrêa Pinto; tradução para o português de Alayde Mutzenbecher e Gustavo Alberto Corrêa Pinto. São Paulo: Pensamento, 1984.

A leitura é uma expressão desse processo, com a particularidade de que, para o texto escrito, os momentos de produção e de recepção (a "fala" do locutor/autor e a audiência do interlocutor/leitor) estão espaçotemporalmente separados, dando a impressão de que o texto é independente.

Na leitura, leitor, autor são personagens de um processo interlocutivo em que, por características específicas, destaca-se a materialidade da interlocução: o texto escrito, diferentemente do oral, tem autonomia e perenidade. Essa característica permite que a cada momento um dos polos do processo fique elidido, tendo reduzido o poder de controle. É essa situação que oferece a ilusão de que o leitor é pleno senhor do texto e que cabe a ele, e somente a ele, dar sentido ao texto.

Mas não é assim; se fosse, bastaria um único texto — pleno e absoluto — capaz de absorver todos os sentidos e interpretações. Uma interessante imagem borgeana, mas inútil para ajudar na compreensão do que seja a leitura. Com isso se quer dizer que não é qualquer leitura que é pertinente; o texto, se não traz toda sua significação e só existe objetivamente quando atualizado pelo leitor, não é uma massa amorfa e indiferenciada a ser modelada pelas mãos desse último.

O *I Ching* é um texto particularmente interessante para verificar essa dinâmica. Trata-se de obra universal, comparável talvez a outros livros sagrados, tais como a Bíblia, o Corão, o Talmude, ainda que, diferentemente desses, não seja esteio de uma grande religião. É essa condição que permite imaginar diferente maneiras, todas legítimas, de abordagem: exegética, literária, psicanalítica... Para nós, contudo, interessa perceber o *I Ching* como um produto de consumo de massa — forma como vem sendo explorado e incorporado no Ocidente.

Interessa, especificamente, perguntar como um livro milenar, usado na tradição oriental como oráculo e como fonte de sabedoria, com sistema próprio de referências, pode ser transportado para o mundo ocidental moderno, especialmente para o ambiente urbano.

É evidente que não se trata de caso isolado. Desde os anos 1960, e até antes, tem-se presenciado a importação e divulgação de elementos culturais orientais no Ocidente, com a proliferação de gurus, seitas místicas e entidades esotéricas. Ampliou-se o uso e o consumo do Tao, do Budismo, do Confucionismo, num movimento de valorização do irracionalismo e das explicações mágicas do mundo. Na mesma medida, está o recrudescimento de movimentos obscurantistas e mágicos ocidentais, crescendo o interesse por fenômenos cabalísticos e pela Astrologia, assim como por entidades míticas — bruxas, duendes, magos, fadas...

A análise aguda de tal fenômeno deve ficar a cargo de outras áreas do conhecimento. Aqui apresentamos a hipótese de que o sucesso do *I Ching* como produto de consumo de massa se deve, além dos aspectos gerais que contribuíram para seu transporte para a cultura ocidental, a aspectos particulares da sua própria estrutura formal. É sobre estes aspectos que pretendemos nos debruçar mais detalhadamente.

O *I Ching*

O livro

Conforme Richard Wilhelm, o *I Ching* teria surgido em período anterior à dinastia Chou (1150 — 249 a.C.), sendo composto apenas por figuras — os *Kua*, que formam os ideogramas. Não se lia a sorte aí, mas concentrava-se e, em silêncio, vislumbrava-se o destino. "O *I* é, portanto, um livro sem palavras, que fala na eloquência silenciosa de suas figuras lineares"[2]. Com o passar do tempo, as figuras foram ficando obscuras e pouco acessíveis, acrescentando-se então, em diferentes fases de sua história, os diversos textos que o compõem.

Sua função, ao contrário do que se costuma difundir no uso ocidental, sempre segundo Richard Wilhelm, não se restringiria à oracular, residindo o seu aspecto principal na sabedoria contida nos comentários. O *I Ching* é tido principalmente como livro de ensinamento e de meditação, e secundariamente como oráculo.

---

2 Cf. PINTO, Gustavo Alberto Corrêa. Prefácio à edição brasileira. *I Ching — o livro das mutações*. São Paulo: Pensamento, 1978.

O *I Ching* está organizado em três livros, cada qual com duas partes. No primeiro livro — o texto — encontram-se os 64 hexagramas que compõem o universo do *I Ching* e que se deve consultar por meio de processos particulares ligados ao acaso, como explicaremos adiante. No segundo livro — o material — está a discussão dos trigramas e o grande tratado que fundamenta a sabedoria do livro e que teria sido escrito, provavelmente, por Confúcio e Lao Tsé. Finalmente, no terceiro livro — os comentários — repetem-se os hexagramas do primeiro livro, com comentários adicionais.

É interessante ressaltar que o *I Ching* não tem autoria definida. Reputa-se a Confúcio e Lao Tsé a autoria de certas passagens, mas a tradição da obra, o constante acréscimo de comentários e seu caráter oracular e sapiente garantem-lhe um nobre anonimato, que amplifica o caráter sacro e místico do livro, tendo, como se verá, papel significativo no estabelecimento dos usos que têm em nossa sociedade.

O uso

A consulta ao *I Ching* está cercada de prescrições ritualistas que incluem como guardar o livro, a preparação do ambiente, a posição que deve ficar aquele que o deseja consultar. Assim, o livro ficará numa caixa especial, o ar deve ser incensado e o consulente deve estar voltado para o sul, região do sol, da luminosidade.

Será neste ambiente que se realizará a pergunta, a qual também é regida por normas precisas: o resultado da consulta depende da formulação da pergunta. Assim, põe-se no consulente a responsabilidade do sucesso do processo. O oráculo não erra. A pergunta deve ser clara, não ter mais de um significado visado e não ser do tipo sim/não, já que o *I Ching* não oferece informações específicas desta natureza ou que informem datas e lugares. O que vêm dele são reflexões sobre a vida e sua relação com o universo ou preceitos éticos.

Gustavo Alberto Corrêa Pinto, que assina o prefácio à edição brasileira, assim explica essa questão: "Ao lado da intenção correta, supõe-se a forma correta; isso significa estarmos aptos a dar expressão de modo claro, inequívoco, sintético e preciso ao que procuramos. A pergunta formulada de modo ambíguo ou vago evidencia uma visão turva e confusa do que se busca, e resulta na incapacidade de se reconhecer aquilo que não se sabe ser o objeto da busca".[3]

Isso não significa que desde logo o consulente saiba que sua pergunta não é boa; ao contrário, ela lhe pode parecer exata, conforme o que deve ser; é quando não recebe resposta efetiva que o consulente saberá de sua confusão, de sua dificuldade de perceber o problema. Daí resulta que apenas quem tem a pergunta clara está

---

3 Idem, ibidem.

apto a encontrar respostas adequadas; e também se demonstra que nem todos podem consultar o oráculo.

Por que a exclusão? Ocorre que o *I Ching*, livro sagrado que é, não falha; se há uma falha, essa tem de ser do consulente, que não soube elaborar a pergunta ou, mais ainda, não trilhou os "caminhos do autoconhecimento". A resposta, de fato, deve já estar na mente daquele que pergunta, cabendo ao *I Ching* fazer com que ocorra sua manifestação. Cabe ressaltar que, diferentemente do que se verifica em outros sistemas oraculares, cujos assuntos, da ordem do senso comum, são pressupostos no modelo e os comentários independem da pessoa, na consulta ao *I Ching* a pergunta (mais que seu ritual) é fundamental. Sem ela, o texto torna-se vazio ou demasiado restritivo ou, ainda, um quase *nonsense*. "A grandiosidade tem sucesso. É favorável empreender algo em assuntos menores" (Hexagrama 22): a frase não diz nada, o sentido é vago e indefinido.

Feita a pergunta, passa o consulente a jogar as moedas (ou varetas — método mais complexo), de cuja combinação resulta a indicação de leitura de um dos 64 hexagramas; é nesse momento que intervém o acaso, escolhendo pela sorte qual deve ser o texto de reflexão. E aí entra o fascínio do livro, que sempre responde adequadamente à pergunta corretamente formulada.

Como isso pode ser, se o livro não sabia a pergunta (mantida em segredo pelo consulente) nem estava preestabelecido que hexagrama seria lido?

Realizado o ritual que conduz à leitura do hexagrama, chega-se finalmente a ele. Ali estará a resposta, há que procurá-la! Que outro convite à interpretação pode ser maior?!

Contudo, o livro não é um objeto estático. Se, por um lado, a tradição do *I Ching* nos coloca como únicos responsáveis pelo significado da resposta, por outro, não há como deixar de notar a materialidade e a forma do livro. A escrita, com todo o seu peso (e aqui com a força que lhe empresta o anonimato mítico: as palavras falam por si), está presente.

O texto, deslocado de seu ambiente original, daquele que o gerou e o mediatizou inicialmente, reinscreve-se numa cultura que faz do verbo a carne e venera a palavra grafada e dita como lei. E nessa cultura — urbana, industrial e de massa —, em que vicejam formas alternativas de comportamento, o *I Ching* ganha um novo contexto de leitura. Que sentido terão a escansão de sua sintaxe, a leveza das imagens, o jogo de antíteses, oximoros e metáforas?

Algumas teorias atuais de leitura têm sustentado que a produção de sentidos está a cargo do leitor que, com base nas diretrizes e referências da cultura, refaz o texto (Borges explora magistralmente essa imagem em "Pierre Menard, autor de Quixote").[4] Paradoxalmente, o livro do

---

4 CHARTIER, Roger. *A Ordem dos livros — leitores, autores e bibliotecários na Europa entre os séculos XIV e XVIII.* Brasília: UnB, 1994. p. 11-31.

I Ching parece ser o exemplo e o contraexemplo dessa ideia. Na medida em que permite ser recontextualizado, soprando do Oriente a aura mística, as imagens sugestivas, os ritos e símbolos que se abrem à interpretação, ele reforça as perspectivas subjetivistas e relativistas; contudo — e aí está o contraexemplo —, ele funciona desta forma porque se organiza de tal forma que cria os usos possíveis e os jogos interpretativos.

Observemos mais de perto essa estrutura.

1.
Quando comentamos a respeito do ritual que envolve a consulta, apontamos para sua importância na leitura. Aí se produz um *setting*, na linguagem psicanalítica. Todo o ritual, à exceção da pergunta e do jogo de moedas ou varetas, pode ser desconsiderado (e, de fato, o é, por leitores afoitos); funcionando como uma virtualidade que empresta a aura mística e mítica ao texto, cercando-o de mistério, o ritual de preparação tem a função precípua de inserir o leitor no interior do jogo, simulando uma situação meditativa que favorece a atitude de aceitação, de cooperação na leitura e, ao mesmo tempo, desqualifica os incrédulos, defendendo-se da acusação de charlatanismo.

Trata-se, ainda, de uma questão externa ao texto, a exemplo de sua autoria desconhecida, de sua história milenar, etc. São ainda construções sociais, múltiplas e de valor ideológico bastante fortes. São uma "mística", para usar uma expressão em voga relativa a procedimentos religiosos.

2.

Noutro nível, estão os jogos de figuração semânticas e sintáticas que integram o texto. Composto basicamente de alegorias, metáforas e metonímias (propositadamente, se pode dizer, pois que os comentários interpretam as figuras com novas figuras), seu discurso ambíguo e sustentado em expressões genéricas remete o leitor para uma realidade muito apartada daquela que vive imediatamente, pedindo-lhe que faça o papel de interpretante.

(Poder-se-ia argumentar que as metáforas teriam outros sentidos na milenar cultura oriental; mas, mesmo que isso servisse de argumento a favor da ideia de que é o leitor, socializado em seus valores, que dá sentido ao texto, isso também evidencia que é a organização textual deliberadamente indefinida que abre possibilidades de leituras genéricas — sem lugar e sem tempo).

Cabe atentar para dois aspectos que, embora não essenciais, são muito significativos: a) remetendo para lugares e relações remotas, o texto adapta-se bem ao espírito nostálgico e fantasista do leitor urbano; tomem-se de exemplo as imagens recorrentes de montanha, água, vento, lago, quietude, repouso; b) algumas imagens podem ser lidas mais ou menos literal ou figurativamente dependendo da pergunta que se faz; pai, mãe, homem superior, líder podem ser aquilo que imediatamente referem ou a representação de um papel social ou psicológico.

3.

Num nível bastante próximo a este, está a presença abundante de noções vagas, isto é, expressões que, por seu valor social e ideológico, recobrem ampla margem de significados, podendo ser lidas de acordo com as perspectivas de cada um e das circunstâncias.[5]

Ou seja: os termos utilizados têm amplo espectro semântico e, como a leitura é descontextualizada, no sentido de que os referentes históricos estão muito distantes, e hipercontextualizada, e, na medida em que o papel da interpretação está mais na subjetividade do consulente, a possibilidade de a resposta certa encaixar é grande. Tome-se como contraponto a leitura de uma notícia, cujo campo semântico e sistema de referência histórico-social são muito mais restritivos.

Vejamos alguns exemplos:

A DIFICULDADE INICIAL traz sublime sucesso favorecendo através da perseverança.
Nada deve ser empreendido.
É favorável designar ajudantes.
(Hexagrama 3 — julgamento)

A ASCENSÃO tem sublime sucesso.
É preciso ver o grande homem.

---

5 Cf. PERELMAN, Chien; OLBRECHTS-TYTECA, Lucie. *Tratado da argumentação: a nova retórica.* São Paulo: Martins Fontes, 1996.

Não tema!
A partida rumo ao sul traz boa fortuna.
(Hexagrama 46 — julgamento)

Dificuldade, sucesso, perseverança, fortuna, ascensão... Todos esses termos são expressões vagas que podem ser preenchidos de acordo com a disposição anímica do leitor.

4.
Num outro nível de estruturação textual, mas com igual função de indefinição discursiva, está mais um recurso linguístico recorrente no *I Ching*: o uso de dêiticos e demonstrativos.

Os dêiticos se caracterizam exatamente pela ausência de referencialidade exata, tendo seu referente definido pragmaticamente, isto é, em seu contexto de uso. Na relação texto-leitor, o único que pode preencher de sentido um dêitico é o leitor (a menos que encontre no texto a definição de um contexto interpretativo).

Veja-se, por exemplo, o Hexagrama 18: "Aquilo que se deteriorou por culpa dos homens pode ser por seu trabalho restaurado".

Aquilo o quê? Claro que tem de ser *aquilo* que o consulente postulou em sua pergunta. Tomemos as seguintes situações formuladas em perguntas (todas abertas e de reflexão):

> Como vai (ou o que será do) meu relacionamento amoroso?
> Que fazer de meu trabalho?
> Como me portar com relação a meus pais?
> Como me portar diante de uma situação de dor?

Em cada uma dessas situações, *aquilo* será preenchido por um referente distinto: a relação amorosa ou com os pais, o processo de trabalho, as decisões de rumo de vida...
Mesmo quando o texto está escrito em primeira pessoa, a indefinição permanece:

Há alimento no Ting
Meus companheiros têm inveja
Mas nada podem contra mim
Boa fortuna.
(Hexagrama 50 — linhas)

Em função da pergunta e da forma de compreendê-la, o *eu* aí pode ser o *Ting* (o próprio *I Ching*), o consulente ou outra pessoa por ele imaginada (por exemplo, seu opositor ou alguém que ama e que está em perigo).

5.
Finalmente, verifique-se a sintaxe do texto; uma rápida passada de olhos nos hexagramas e nos comentários possibilita perceber o uso constante de conjunções que permitem, de forma alegórica, uma espécie de leitura

disjuntiva; isto é, dada uma sentença do tipo A,B, o consulente tem três leituras possíveis: A, não B; B, não A; e A–B. Sirva de exemplo o comentário do Hexagrama 4.

> *A insistência em perguntas tolas e desconfiadas serve apenas para incomodar o instrutor, que deve ignorá-las em silêncio, assim como o oráculo que responde apenas uma vez, recusando questões movidas pela dúvida.*

Uma compreensão bastante difundida deste hexagrama entre leitores do *I Ching* sugere que ele está aí advertindo as pessoas que brincam com o livro ou desacreditam dele ou, ainda, insistem em fazer perguntas mal formuladas; neste caso, o que se diz na segunda parte deve ser tomado literalmente, sendo a primeira um exemplo disto.

Contudo, se a pergunta for boa na percepção do consulente, esta não é uma explicação razoável para o hexagrama; neste caso, deve-se tomar por base a primeira parte como básica e a segunda como ilustração dela; tomando *instrutor* como metáfora, ele pode ser o pai, o professor, o padre, o chefe ou qualquer outra pessoa que exerça poder sobre o consulente, que está sendo advertido por não ter conduzido bem a relação com seu superior; ou talvez, pode alguém ver-se como instrutor de si mesmo e, neste caso, o aviso é que a pessoa não está se valorizando ou se compreendendo como devia.

Vejamos mais um caso:

Se alguém encontra obstáculos ao início de um empreendimento, não deve forçar um avanço e sim deter-se para refletir. Entretanto, não deve se deixar desviar, mantendo a constante perseverança de modo a não perder de vista a sua meta.
(Hexagrama 3 — comentário das linhas)

Na primeira parte do comentário, encontra-se uma sugestão de imobilidade; na segunda, a leitura ganha outro rumo em que se destacam fatores de movimento; contudo, nem uma nem outra são exatas, deixando espaço para reinterpretações e novas significações. A mudança de orientação argumentativa é autorizada pela presença de *entretanto*, conjunção adversativa que, diferentemente de seu uso corriqueiro, não nega a primeira asserção, apenas a relativiza. Vai daí que o leitor pode, conforme seus anseios, ler o texto como um conselho de movimento (ainda que prudente), destacando o segundo trecho, ou lê-lo como um conselho para recuar e permanecer onde está, destacando o primeiro segmento. Isso, obviamente, dependerá dele e não do texto que se lhe apresenta, ainda que ele creia que o que ocorre é o contrário disto.

Essa dupla possibilidade está no caráter ambíguo da estrutura do discurso. Os processos possíveis (movimento ou parada) se oferecem simultânea e cooperativamente: há a indeterminação do pronome *sua*; há a presença marcante de noções vagas (obstáculos, perseverança, empreendimento, meta); há abundância de figuras metafóricas e metonímicas (empreendimento, avanço, desvio); há o emprego de estruturas sintáticas que possibilitam leituras diversas e até contraditórias.

Para terminar esse estudo, façamos uma leitura possível do Hexagrama 18, fazendo perguntas e imaginando respostas com a possibilidade de o leitor ter desejos opostos (restringimos a análise à introdução e ao julgamento).

18 — KU / TRABALHO SOBRE O QUE SE DETERIOROU

Acima KÊN, A QUIETUDE, MONTANHA.
Abaixo SUN, A SUAVIDADE, VENTO.

JULGAMENTO

TRABALHO SOBRE O QUE SE DETERIOROU
tem sublime sucesso.
É favorável atravessar a grande água.
Antes do ponto de partida, três dias,
depois do ponto de partida, três dias.

Aquilo que se deteriorou por culpa dos homens pode ser pelo seu trabalho restaurado. O que levou a esse estado de corrupção não foi um destino imutável, como na época da ESTAGNAÇÃO, mas sim o uso abusivo da liberdade. O trabalho visando à melhoria das condições é promissor, pois está em harmonia com as possibilidades do momento. O homem não deve recuar amedrontado diante do trabalho e do perigo

— simbolizados pela travessia da grande água —, e sim empenhar-se nele com energia. O sucesso, entretanto, depende de uma deliberação correta. Isso está expresso nas frases: "Antes do ponto de partida, três dias", "Depois do ponto de partida, três dias". Deve-se conhecer as causas da deterioração para então se poder afastá-las; por isso é necessário cautela no período que antecede o ponto de partida. Depois deve-se cuidar para que o novo caminho seja iniciado com segurança de maneira a evitar um retrocesso. Por isso a cautela é importante também depois do ponto de partida. A indiferença e a inércia que provocaram a deterioração devem ser substituídas pela decisão e energia, para que após o final surja um novo começo.

Situações que geram as perguntas:

1. Casamento em crise — o consulente se questiona se mantém ou rompe a relação.

2. Um jovem militante — começando atividades revolucionárias ou desiludido com essa perspectiva.

3. Um sujeito considerando sua situação profissional — animado com as perspectivas de uma mudança ou ansioso e ameaçado de demissão.

4. Uma relação pai e filha conflituosa — expectativa de melhora ou sentimento de abandono.

5. Uma pessoa doente — expectativa de cura ou sentimento de morte.

Considerando a primeira frase do julgamento, que recupera o próprio título do hexagrama, percebe-se que "trabalhar sobre o que se deteriorou" pode ter dois sentidos absolutamente antagônicos: a recuperação ou o abandono do deteriorado, isto é, pode-se investir na reconstrução do que se deteriorou ou, sobre suas ruínas, construir algo novo.

Essa dupla perspectiva é reforçada pela igualmente duplicada possibilidade de interpretação da segunda frase do julgamento: "é favorável atravessar a grande água". Pode-se bem entender por *atravessar* a realização de movimento de abandono do deteriorado, de superação, de criação de novas situações; e pode-se, pelo contrário, entender que se trata de fazer o enfrentamento necessário das dificuldades para superá-las e recuperar o que se deteriorou.

Assim, aquele que quer abandonar seu casamento encontra tanta motivação para fazer isso como aquele que quer mantê-lo, apesar das dificuldades; o jovem revolucionário pode ver aí tanto o estímulo para a "grande marcha" como a sugestão para a redefinição de rumo de vida e o enfrentamento das dificuldades que advirão com o abandono da causa; o trabalhador encontra condições de permanecer no emprego ou de sair dele para buscar algo melhor; o doente verá o fim de uma etapa ou se consolará com a metamorfose na vida.

Tomemos agora, um trecho que apresenta as características descritas na seção anterior: "O homem não deve recuar amedrontado diante do trabalho e do perigo — simbolizados pela travessia da grande água —, e sim empenhar-se nele com energia. O sucesso, entretanto, depende de uma deliberação correta."

Observe-se, em primeiro lugar, que o trecho sugere uma atitude de enfrentamento por meio de uma noção vaga: "não deve recuar amedrontado"; que é isso? Como compreender recuar? De que tipo de medo se fala? É para enfrentar o quê, exatamente? Recua a pessoa diante do casamento infeliz, aceitando-o ou abandonando-o? Recua o profissional diante da opção de emprego mudando ou permanecendo? Assim, essa primeira noção vaga prepara o terreno para a segunda, mais vaga ainda: a travessia da grande água é a alegoria do enfrentamento, alegoria obscura, bucólica, mítica e aplicável a qualquer situação (abandono, frustração, doença, desafio, novidade). Acrescente-se a isso que o termo inicial é *aquilo* que, como apontamos, é semanticamente preenchido pelo leitor: aquilo pode ser o casamento, ou o emprego, ou a saúde, ou a fé, a causa, o ânimo...

Nestas circunstâncias, manter ou acabar um relacionamento, permanecer ou abandonar o movimento político, mudar de trabalho ou não, aceitar a morte ou esperar a cura — são todas questões passíveis de receber uma resposta adequada. O *I Ching* não diz a resposta, faz com que o consulente a dê. E por isso não erra.

Para terminar é bom frisar que, ao escrutinar desta maneira um livro tão intenso não se pretende reduzi-lo a uma simples operação linguístico-textual formal nem desprezar todo seu poder criativo. O *I Ching* é a manifestação complexa de uma filosofia e de uma sabedoria milenar.

Quisemos, isto sim, inquerindo sobre os processos de leitura que se fazem com ele e por ele, identificar estratégias discursivo-textuais de forma a dar ao texto uma forma aberta.

E, há que observar que, mesmo num caso como este, prevalece a advertência de Umberto Eco de que "'abertura' não significa absolutamente 'indefinição' da comunicação, 'infinitas' possibilidades da forma, liberdade da fruição"[6]; e mais, que "as obras literárias convidam à liberdade de interpretação porque propõem um discurso com muitos planos de leitura, defrontando-nos com a ambiguidade da linguagem e da vida. [...] Para intervir nesse jogo, em que cada geração lê as obras literárias de um modo diferente, é preciso ter profundo respeito por aquilo que chamo a intenção do texto".[7]

---

6 ECO, Umberto. *A obra aberta*. 8. ed. São Paulo: Perspectiva, 1991. (1. ed. brasileira: 1968).

7 Idem. A literatura contra o efêmero. *Folha de S.Paulo*, São Paulo, 18 fev. 2001. Caderno Mais!

Máximas impertinentes

* Versão revista e ampliada de texto de mesmo título publicado em: PRADO, Jason; CONDINI, Paulo. (Orgs.). *A formação do leitor — pontos de vista*. Rio de Janeiro: Argos, 2001. p. 86-91.

> *Se o leitor possui alguma riqueza e vida*
> *bem acomodada, sairá de si para ver como*
> *é às vezes o outro. Se é pobre, não me estará*
> *lendo porque ler-me é supérfluo para quem*
> *tem uma leve fome permanente. Faço aqui*
> *o papel de vossa válvula de escape e da vida*
> *massacrante da média burguesia.*
> (Rodrigo S. M. — narrador-personagem
> de *A Hora da Estrela*, de Clarice Lispector)

Quando se fala em formação do leitor, deixam-se implícitas muitas outras ideias de que não se falam diretamente.

A mais evidente é a de que nem todo mundo que sabe ler é leitor, isto é, ser leitor significa algo mais que simplesmente saber ler, que saber enunciar em voz alta ou em silêncio as palavras escritas em linhas corridas (caso contrário, formar o leitor seria sinônimo de ensinar a ler).

Outra ideia que não se esclarece é a de que deve existir alguém ou algo que tenha capacidade e autoridade suficientes de formar o leitor, isto é, existiria um agente formador; mais ainda, supõe-se que esse formador é um (bom) leitor e sabe bem como fazer para formar leitores.

Um terceiro subentendido no discurso de formação de leitor — o de maior apelo e, ao mesmo tempo, o mais complicado de todos — é a sugestão de que ser leitor é sempre e necessariamente algo positivo; caso contrário, não se justificaria o enorme esforço que se tem empreendido no incentivo de tal comportamento.

Ideias como essas têm servido de fundamento e estímulo a programas de incentivo à leitura e justificado as mais variadas campanhas de promoção da leitura; elas são motivo de livros e de preocupação pedagógica; e, desafortunadamente, resultam de e em um aparente e perigoso consenso.

Por isso, contrariando o consenso, trato neste texto de pôr em questão algumas dessas crenças subjacentes ao debate político e pedagógico em torno da leitura, fazendo uma clínica negativa do que se tem entendido por promoção de leitura por meio disto que chamei de *Máximas impertinentes*.

A LEITURA NÃO É BOA NEM MÁ — LEITURA É LEITURA

Que coisa é essa de ser leitor?

Trata-se de uma categoria em que se inclui determinado tipo de pessoa, assim como ocorre com consumidor, motorista, passageiro, espectador, usuário, assinante, pedestre, assegurado, cliente, eleitor...

Tais atributos são, por assim dizer, alguns dos muitos modos de ser que se incorporam à condição de cada indivíduo na sociedade contemporânea e que caracterizam a forma de ser "cidadão", de participar. Para cada uma dessas situações, supõe-se um comportamento apropriado (obrigações) e um direito. São situações em que, de acordo com o conceito de cidadania de Milton Santos[1], articulam-se entre o espaço público e o espaço privado.

O mesmo acontece com ser leitor.

Saber ler é uma necessidade objetiva do sujeito moderno, na medida em que a leitura está implicada por muitas práticas sociais e a impossibilidade de realizá--la impede, em alguma medida, o sujeito de participar de tais práticas. Isto quer dizer que as pessoas têm de aprender a ler e a ler umas tantas coisas por determinação social; não há opção, não há escolha!

Mas isso não faz ninguém melhor ou pior no que tange ao caráter, aos compromissos éticos, às contribuições para com a sociedade; também não faz ninguém mais ou menos feliz. É uma condição e garante à pessoa certo trânsito no espaço social, que lhe oferece maior ou menor possibilidade de produção, consumo, domínio das coisas. Quanto maior o alfabetismo, maiores as possibilidades de sucesso e bem-estar.

Objetivamente, lê-se pelas mais variadas razões diferentes tipos de texto, em diferentes suportes e em diferentes situações, conforme as disponibilidades e

---

1 SANTOS, Milton. *Território e sociedade*. São Paulo: Fundação Perseu Abramo, 2000.

necessidades de cada um. Não há nenhum valor ético ou moral necessariamente associado ao exercício da leitura: ela se presta a muitas finalidades e é realizada por pessoas de todas as índoles, de qualquer ideologia.

E assim como não faz sentido dizer que alguém, por ser cliente, eleitor, usuário ou assegurado, torna-se melhor ou pior, mais ou menos crítico, também não faz sentido afirmar que uma pessoa torna-se melhor ou pior, mais ou menos crítica, por ser mais ou menos leitora, ou ser leitora disto ou daquilo.

A leitura não salva nem condena — a leitura é

O leitor, porque leitor, destaca-se da vida medíocre e se eleva à condição de um ser valoroso, que sabe de si e do mundo, que viaja e conhece lugares inimagináveis, palavras extraordinárias...

A leitura é o alimento do espírito — instiga a fantasia, provoca a curiosidade, aguça o raciocínio.

Esta representação, apenas aparentemente exagerada, brota do discurso redentor salvacionista que vincula a leitura a um processo civilizatório, tornando o leitor uma pessoa boa, solidária, respeitosa de si e dos outros, criativa. Crianças de rua, se leitores, serão melhores (um método socializador); pessoas hospitalizadas, experimentando a leitura, sofrerão menos (um lenitivo); pessoas com sofrimento psíquico se organizam mentalmente pela leitura (uma terapêutica); jovens inseguros e arredios se descobrem (uma pedagogia); tímidos se relacionam com mais desenvoltura (um disparador)...

O interessante que nada disso é exatamente falso.

Sim, é possível que uma experiência estética intensa, pela força da arte, desencadeie processos psíquicos variados, inclusive de bem-estar e organização. Sim, é possível que o texto funcione como mediador de relações e contribua para que um pedagogo se aproxime de crianças "difíceis". Sim, é possível que um jovem se descubra lendo uma história desafiadora, provocadora de emoções difíceis de dizer, e se supere de muitas formas.

Mas há uma enorme diferença entre esse "é possível" e o "ser definitivo" do discurso redentor. Também a audição e execução de música, a convivência com animais, as tarefas de criação manual (a tapeçaria, por exemplo) — tudo isso pode ter função terapêutica, organizadora, pedagógica... Mas nada disso é essência da leitura (nem da música, nem do artesanato, nem do esporte). E, ademais, isso não é com qualquer texto nem com qualquer tipo de leitura nem em qualquer hora.

O eventual sucesso de uma ação pedagógica ou terapêutica usando a leitura de um texto está condicionado a uma dinâmica muito maior, em que os instrumentos elegidos pelo agente se fazem úteis e necessários em função de sua capacidade e da análise que tem da situação e das pessoas com quem está trabalhando.

Não há criação nem morte perante a poesia.
Diante dela, a vida é um sol estático,
Não aquece nem ilumina.[2]

Quem lê sempre lê alguma coisa — ler é verbo transitivo

O mito de que ler faz bem, de que torna as pessoas melhores, reforça e é reforçado por outro conceito vago: importa ler, não importa o quê. No entanto, não se pode negar que a leitura pressupõe necessariamente o texto, que este não existe sem aquela; e, se isso é verdade, a recíproca é igualmente verdadeira.

É só por causa da omissão do objeto sobre o qual incide a leitura que parece fazer sentido a pergunta: *você gosta de ler?* Repare-se o quão entranho soa perguntar a alguém se gosta de ver, escutar ou assistir. Imediatamente, a pessoa retrucará: assistir o quê? Ver o quê? Ouvir o quê?

Com a leitura não há por que ser diferente. Não há por que pensá-la sem pensar os objetos sobre os quais ela incide. Há textos mais densos que outros; há gêneros mais exigentes; há assuntos mais difíceis e distantes da vida comum; há áreas do conhecimento que se organizam com referenciais precisos...

---

2 ANDRADE, Carlos Drummond de. Procura da poesia. In: _____. *Poesia Completa / A Rosa do Povo*. Rio de Janeiro: Nova Aguilar, 2002. p. 117.

Ler um romance, por exemplo, pressupõe, em função dos códigos sociais estabelecidos, esquemas, modos, tempos e finalidades de leitura diferentes de quando se lê um relatório ou um tratado de filosofia ou uma receita culinária... Bem sei que se pode escrever um poema em forma de receita, que se pode escrever um relatório literário, que se pode fazer um conto na forma de um inventário de coisas antigas, que se pode fingir ou mentir ou esconder quando se escreve em certas condições.

Sei da tênue fronteira entre biografia e romance, entre jornalismo e ficção; entre filosofia e fantasia. Mas sei também das convenções que permitem essas possibilidades e dos jogos que se fazem em torno delas.

O LEITOR DE UM CERTO TEXTO É O LEITOR DESSE CERTO TEXTO

Outra das ideias que circula entusiasmadamente nas escolas e em programas de promoção de leitura é a de que o importante é ler, não importa o quê.

Por trás dessa ideia, está a crença de que uma leitura puxa outra e que a pessoa começa lendo história em quadrinhos e conforme pega o gosto passa a ler mais e coisas melhores.

Isso não passa de um mito de senso comum, calcado num raciocínio mecanicista de que A necessariamente causa B.

Nada contra que o sujeito leia o que quer ou o que precisa, mas não há como aceitar essa ideia de progressão na formação do leitor. As TVs educativas continuam mantendo índices de audiência baixíssimos, apesar da enorme audiência de programas sensacionalistas; os filmes de autor continuam sendo assistidos por muito menos gente que os filmes de aventura e pancadaria; o grande sucesso de jornais populares do Rio de Janeiro, na década de 1990, não implicou o aumento das vendas dos jornais tradicionais; a revolução eletrônica permitiu o acesso físico, mas não ampliou a leitura de Machado de Assis.

Cada sujeito lê aquilo que tem relação com seu modo de vida, com suas necessidades, com sua dinâmica profissional, com seus vínculos culturais e sociais.

Não é a leitura que conduz o indivíduo a novas formas de inserção social; ao contrário, é o tipo de vínculo que ele estabelece com o mundo, com os outros, que pode conduzi-lo a ler estas ou aquelas coisas de um ou de outro jeito.

A leitura, mesmo feita em recolhimento, não é um comportamento subjetivo, uma questão de hábito ou de postura, é uma prática inscrita nas relações histórico-sociais.

Ler não é um prazer, ainda que possa ser

A aproximação de leitura e prazer é uma das imagens mais frequentes tanto em campanhas de promoção de leitura quanto em sugestão de métodos de ensino da leitura. Supõe-se que as pessoas, se encontrarem prazer na leitura, lerão mais e melhor.

O curioso é que este seria o único prazer que precisaria ser promovido, como se fosse uma espécie de prazer secreto ou como se as pessoas não soubessem o que lhes dá prazer. E que este secreto prazer tem a ver com a descoberta maravilhosa do eu-profundo! É certo que alguém pode encontrar prazer na leitura, principalmente quando se associa leitura com entretenimento ou com a experiência estética, mas não há nenhuma relação necessária nesse movimento.

Não é certo que haja vínculo entre leitura e prazer. Ao contrário, a leitura muitas vezes exige esforço e concentração intensos, é cansativa, é feita por obrigação (e também não há nada de errado que seja feita assim), por motivos profissionais, religiosos, cotidianos ou outros (eximo-me de comentar o eventual prazer masoquista).

A leitura de entretenimento é um entretenimento — serve de distração

Se assisto a um show de música, se saio para dançar, se fico vendo TV, se vou no parque de diversões, se jogo futebol ou videogame, se faço churrasco com os amigos ou se leio um livro — isso depende dos meus gostos e momentos! Não há até aí nenhum parâmetro de avaliação que permita dizer que esta diversão é melhor que aquela; pode-se, isto sim, lançar mão de princípios éticos, morais ou sociais para pôr em questão certas diversões macabras.

Divertir-se é muito bom e não tem por que supor que a leitura não seja um bom divertimento. Mas, enquanto divertimento, ela não é diferente de qualquer outra forma de entretenimento (prazer por prazer, tanto faz ler ou ver!). Ela não forma ou transforma ninguém, não produz nenhuma mudança na sociedade nem conduz a outros hábitos.

De qualquer modo, não se pode esquecer que, na sociedade industrial moderna, a indústria do entretenimento é uma das maiores do mundo, movimentando somas fantásticas de dinheiro. Nesse sentido, o livro ou revista é uma mercadoria como outra qualquer, como um brinquedo, um doce ou uma peça de vestuário, e cabe aos empresários do setor promover seus produtos.

Ler não é fácil nem chato, ler é difícil

Dizem que ler é chato... E, paradoxalmente, dizem que ler é gostoso.

Como é isso?

O jovem — dizem — não gosta de ler porque o obrigam a isso e, mais, obrigam-no a ler o que não quer e não tem interesse — uma literatura antiga, cansativa, descritiva, com um vocabulário raro, uma sintaxe (não falam da sintaxe, mas podiam dizer) retorcida, uns assuntos tediosos. Machado de Assis, Camões, Alencar, Eça de Queirós, Graciliano, Lima Barreto — para citar apenas alguns (maus) exemplos da literatura!

Sem direito à escolha e sem interesse pelo que se lhe apresenta o jovem — insistem — não se faz leitor!

Daí que, para que as pessoas se tornem leitoras, é preciso oferecer-lhes textos de seu interesse escritos numa linguagem que agrade e atraia, que faça com que a pessoa entenda logo o assunto e queira continuar lendo, gostando de ler.

Há aí uma perversa lógica circular — eu gosto porque sei ou eu sei por que gosto? — de empobrecimento intelectual e estético travestida de uma pedagogia do gostoso. O que uma pessoa sabe resulta das experiências sociais e afetivas que vivenciou; e também é assim com o que gosta e com o que sente e com o que lhe interessa. Nenhuma dessas propriedades do humano — interesse, curiosidade, gosto, conhecimento — é inata ou imanente, nenhuma nasce com a pessoa nem lhe é transmitida por genética.

Aprender a gostar de ler (como de estudar, de escrutinar, de analisar, de indagar) o mundo e as coisas é um processo dinâmico, intenso e muito difícil. Exige determinação, esforço, perseverança, disciplina. Haverá satisfação (prazer) em função da percepção do domínio da coisa, da sensação de realização e de conhecimento. E por mais que seja autoajuda, vejo-me tentado a dizer que isso é o mesmo que acontece com o prazer do alpinista no topo do mundo: antes disso ele sofreu para escalar a montanha, como sofreu para preparar-se física e intelectualmente para a tarefa.

Ler é difícil. Ler coisas interessantes e que transcendam o prosaico cotidiano é mais difícil. Ler arte e percebê-la é mais difícil. E é isso que faz da leitura um gesto encantador.

Toda escolha é só uma escolha possível — nenhum leitor é livre

Um dos pilares da pedagogia moderna está na assunção do protagonismo do sujeito no processo de aprendizagem. Mais que ensinar, as pessoas aprendem, assume-se atualmente.

Esta tese, cara à educação contemporânea, tem como correlato corrompido a ideia de que não se ensina e que basta deixar o aprendiz livre num ambiente de aprendizagem que ele se desenvolverá naturalmente. Este erro nasce da concepção liberal de sujeito que supõe a imanência da personalidade e naturalidade de capacidade e tendências intelectuais e psicológicas.

Contudo, nenhuma pessoa nasce feita nem o que é humano está previsto em sua biologia. A humanidade é um produto da história e não da natureza e, assim também, cada indivíduo, em sua singularidade, é fruto da complexa relação que se estabelece entre ele e o mundo, entre ele e os outros — uns mais próximos, desde a mais tenra infância.

Sabemos pouco, muito pouco, sobre as formas de constituição da personalidade, das mentalidades, dos psiquismos. Mas podemos afirmar com bastante segurança que não há determinação genética em nossa conformação existencial para além da própria estrutura biológica.

Isso significa que somos o que vivemos e seremos o que pudermos viver e pensar. Nossas escolhas resultam da experiência, do conhecimento realizado, da mentalidade constituída; e isso tem limitações, tem ignorâncias... Não permitir a intervenção alheia, ou menosprezá-la, é uma forma de ensimesmar-se, de encaramujar-se, de não perceber o que está além de si.

Isto vale para minhas escolhas e vale para as escolhas que fazem os outros... Quando intervenho na escolha de uma criança, posso tanto estar tirando-lhe a oportunidade de arriscar e aprender como estar contribuindo para que aprenda e arrisque.

Nem toda escolha é boa porque feita sem o outro. O leitor só saberá se puder escolher e só poderá escolher se souber das escolhas.

O leitor que as campanhas de leitura promovem não é um simples leitor, é um estilo de vida

A mulher recostada languidamente em uma poltrona; a criança estirada no chão diante do livro, as pernas em movimento para o ar, as mãos no queixo sustentando o rosto; o moço sentado numa mesa de café com o livro aberto; o velho com a criança no colo e o livro aberto na mão; o intelectual diante de enormes fileiras de livros sisudos. São imagens recorrentes em iconografias de leitura. Imagens de algo que reconforta, diverte, instrui, instiga a imaginação. Imagens que reproduzem um modo de ler apropriado. É interessante perceber os objetos que combinam com ler: se criança, almofada; se mulher, sofá; se homem, óculos e caneta.

Interessantemente, ao lado desse clichê de leitor bem-comportado, reside seu antípoda: a imagem do maravilhoso maldito, o escritor que deixa morrer a amada, mas salva seu manuscrito do naufrágio; que passa a noite em claro debruçado sobre sua obra, sacrificando a saúde; que experimenta radicalmente a vida e morre, ainda jovem, de cirrose hepática ou de overdose; que se suicida num quarto sórdido de Paris.

As duas imagens se sobrepõem para construir o mito da superioridade do leitor: de um lado o gênio indomável do artista; do outro a fruição pacífica e bem-comportada do pequeno burguês.

Poder ler é um direito, ler é exercê-lo

Aqui reside a questão central. A escrita e a leitura sempre foram, e continuam sendo, instrumentos de poder e, nesse sentido, sempre estiveram, e continuam estando, articuladas aos processos sociais de produção do conhecimento e de apropriação dos bens econômicos.

A própria alfabetização em massa resulta muito mais das necessidades do sistema que de uma democratização social ou de uma mudança de consciência dos detentores do poder.

Portanto, o que e o quanto um cidadão é leitor depende, acima de tudo, de sua condição social e da possibilidade de ter acesso ao escrito, e isto depende das relações sociais. Não é por acaso que as pesquisas relativas ao perfil do leitor de revistas trazem dados tão insignificantes de níveis de leitura para o segmento mais pobre — exatamente aquele que tem o menor poder de compra, que vive nas piores condições, que tem mais possibilidade de estar desempregado (estranha condição de cidadania essa!).

Ou seja: os mais excluídos da leitura são também os mais excluídos da sociedade, os que não têm bons empregos (muitas vezes nenhum), não têm moradia, atenção à saúde, direito ao lazer.

Não é ironia: os pobres consomem menos leitura, assim como consomem menos tudo!

Promover a leitura só tem sentido enquanto movimento político de contrapoder, enquanto parte de um programa de democratização. A questão que se coloca é a do *direito de ler* e não a da promoção deste ou daquele comportamento ou a valorização de tal ou qual gosto. O que interessa não é o que um sujeito lê, se gosta mais disso ou daquilo, se encontra ou não prazer na leitura, mas sim se pode ler e lê o quê, quando e quanto quiser.

SOBRE O AUTOR
Luiz Percival Leme Britto

A maldição de ser coxo na vida me apanhou. Não na timidez, mas na inaptidão com as coisas e as gentes. Queria ser como Adélia, desdobrável.
Sem saber muito que contar de mim e desquerendo redizer as coisas que fiz e faço — currículo, apresentação, produção —, tomo emprestadas as palavras de um poeta que quis ser, outrora e agora.

SINA DE POETA

Fazia-se de imagens e cordas
respirando o ar que faltava em seus pulmões asmáticos.
Não cantava.
Seus acordes queriam-se cósmicos,
destoantes da sonoridade e da lógica
que se exibiam nos círculos dos acólitos da ordem.
Vivia de quase nada, de produções imaginárias
e atos proféticos com sua barba de João Batista.
Perambulávamos as largas noites de garoa fria em espaços urbanos
pouco recomendados.
O feio nos fazia brilhar, e a craviola tornava o espaço uma sinfonia azul.
Deu-me classes de violão por um ano,
com pouca paciência e gigantesco amor.
Perdia-me em ritmos e dedilhados,
não encontrava afinação, nem nas mãos nem na voz.
Houve, então, o instante trágico em que ele,
nem pesaroso nem envergonhado,
mas certamente desagradado com a notícia que se impunha,
decretou-me:
— Tua sina é ser poeta e ouvir música.

LUIZ DA LUZ

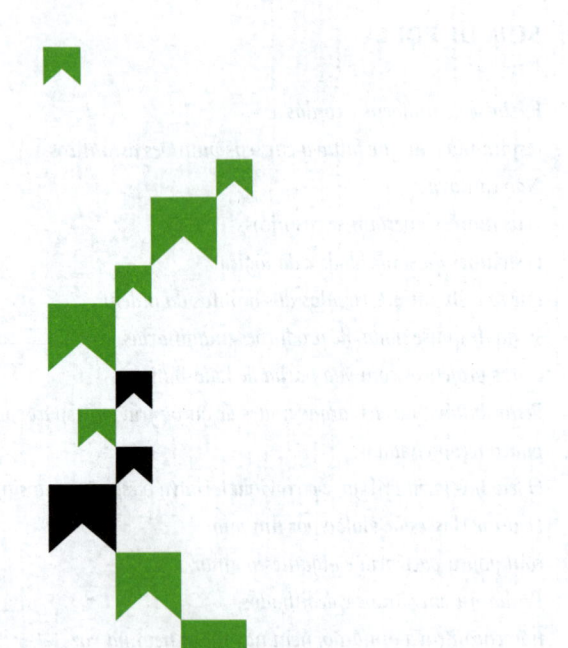

Este livro foi
reimpresso pela
Editora Pulo do Gato
em janeiro de 2020.